불행한 철학자 쇼펜하우어의 행복의 철학

DIE KUNST GLUCKLICH ZU SEIN
by Arthur Schopenhauer, ed. by Franco Volpi

불행한 철학자 쇼펜하우어의

행복의 철학

정초일 옮김

푸른숲

　이 책의 독일어판 편자 볼피의 말처럼, 염세주의 철학자 쇼펜하우어가 '행복'에 관해 철학적으로 성찰한 소책자를 구상하고 집필에 착수했었다는 사실은 지금까지 거의 알려지지 않았다. 물론 지혜로운 삶을 위한 쇼펜하우어의 여러 단상들은 이미 '수상록', '인생론', '잠언집' 등 다양한 제목의 숱한 단행본들로 출판되어왔고, 그 중에는 행복한 삶을 영위하는 데 도움이 될 만한 지침들도 일부 포함되어 있기는 하다. 하지만 그 지침들은 어디까지나 단편적이었던 것으로 보인다. 그리고 쇼펜하우어에게 행복을 위한 지침이란 그처럼 단편적인 것일 수밖에 없으리라는 생각이 당연시되었던 것 같다. 쇼펜하우어라면 행복한 삶이란 주제 따위는 원래 경멸했을 법한 사람이 아닐까? 그런 그가 행복에 관한 책자를 집필하다니, 그렇다면 그가 표리부동한 사람이었다는 말인가? 쇼펜하우어의 행복론이 이제껏 무관심의 영역에 머물러 있었던 이유를 말해주는 이와 같은 물음에 대한 대답은 그렇지 않다는 것이다.

볼피의 설명에 따르면, 형이상학적 염세주의는 삶의 행복을 위한 노력에 장애가 되지 않는다. 쇼펜하우어는 철학이 세속의 삶과 거리가 있는 순수한 인식일 뿐만 아니라 실천적인 교훈이자 삶의 지혜로서도 중요하다는 것을 터득하는데, 이 책은 바로 이런 실천 철학적 성찰의 소산이다. 물론 형이상학적 염세주의와 삶의 행복이 별개라고 해서 행복을 위해 노력하는 동안 염세주의 자체가 외면되거나 보류되는 것은 아니다. 오히려 염세주의는 그런 노력의 기반을 이루고 있다. 염세주의에 바탕을 둔 행복론이란 그 자체로 흥미로운 의문을 유발하게 마련인데, 그 의문은 쇼펜하우어의 통찰과 명상을 하나하나 대하면서 자연히 풀리게 된다. 이를테면 쇼펜하우어는 결코 충족될 수 없는 행복에의 허황한 동경이 사라지고 불행에 대한 우려가 등장하는 인생의 후반기에 비로소 넉넉한 만족을 얻을 수 있다고 말한다. 요컨대 염세적인 태도야말로 참된 행복을 위한 근거라는 것인데, 우리는 그와 같은 주장에 결국 수긍할 수밖에 없다. 왜냐하면 그것은 현실적이고 구체적인 진실이기 때문이다. 그리고 그처럼 근본적인 염세에 바탕을 둔 실천적 행복론은 스스로 의무처럼 견지하는 낙관과 막연한 희망의 토대 위에 실제 일상을 채워

가는 불안과 비관을 효과적으로 해체한다.

어쩌면 쇼펜하우어의 주장에 수긍하지 않을 수도 있을 것이다. 삶의 도처에는 사실 무수한 노다지 광맥이 숨어 있고, 그것은 캐내는 사람의 것이라고 할 수 있을지도 모른다. 그러나 문제는 그 노다지가 우리에게 진실로 무엇이냐는 것이다. 그 노다지가 우리에게 어떤 만족을 주는가? 오직 "바닷물과 같아서 마시면 마실수록 갈증을" 일으키는 것은 아닌가? 또 그 노다지가 우리를 가치 있게하는가? "자기 자신이 그리 가치 있는 존재가 아니라면, 온갖 즐거운 일도 단지 분노로 물든 입 속의 값진 포도주와 같다." 더욱이 그 노다지가 이루어 줄 삶의 모습은 우리의 근본적인 착시로 인해 왜곡되어 있다. 즉, 우리에게 "삶은 출발점에서 바라보면 무한히 길어 보이고, 종착점에서 돌아보면 말할 수 없이 짧아 보인다." 그렇다면 쇼펜하우어는 결국 우리의 일상에서는 실천하기가 거의 불가능한 어떤 지고한 금욕이나 초월, 또는 그에 대한 동경을 이야기하자는 것일까? 대답하자면, 역시 그렇지 않다. 즉, 쇼펜하우어는 일체의 욕구를 버려야 한다고 말하지 않는다. "욕구는 온갖 고뇌의 근원"이지만 "육신에 영향을 미치는 모든 것은 필연적으로 욕구를 야기"하므로, 그렇다면 "과연 어느 정도의 욕구가 불가피한지를 심사숙고해야" 하며, "인간은 그 한계에 근접할수록 더 진실해지고 자유로워진다."고 말할 뿐이다. 이를테면 "행복을 위해 훨씬 더 많은 기부금을 내는 쪽은 재산이 아니라 인격이다."와 같은 문장에서 이 행복에 관한 실천 철학의 특성이 잘 드러난다.

"지금까지 유고 속에 숨어 있던 소중한 보석 같은" 이 책이 사람들의 이목을 끌지 못했던 또 한 가지 이유는 이 책의 집필이 산만하고 미흡한 상태로 중단되었기 때문일 것이다. 그렇다면 저자에 의해 완결되지 못해서 편자에 의해 조합된 이 책이 기존의 편역서들과 다른 점은 무엇인가? 쇼펜하우어의 행복론이라더니, 결국 여기저기 흩어져 있는 상호 연관된 단편적 구절들을 편자가 임의로 추려 엮어낸 것은 아닌가? 그러나 편자의 글에서도 알 수 있듯, 쇼펜하우어는 실제로 소책자 형식의 행복론을 구상하고 집필에 착수했으며, 볼피는 누구도 눈여겨보지 않았던 이 사실에 주목한다. 여기에서 출발하여 그는 쇼펜하우어의 유고를 토대로 발간된 수많은 전집과 편찬서 여러 곳에 산재해 있는 생활 원칙들을 찾아낼 뿐만 아니라, 쇼

펜하우어 문서실 등의 자필 원고 뭉치들을 샅샅이 헤쳐서
아직 어디에도 수록된 적이 없는 몇몇 원칙들까지 발굴한
다. 그리고 그 원칙들을 연대순으로 배열하면서 쇼펜하우
어의 기록과 여백 메모를 통해 드러나는 원래 구상에 따
라 재구성한다. 다음으로 표기 방식을 통일하고, 세심하
게 주석을 달고, 쇼펜하우어가 전거를 밝히지 않은 채 인
용한 부분들의 출처까지 빠짐 없이 제시하며, 종종 여기
에도 필요한 설명을 덧붙인다. 쇼펜하우어 미완의 저작인
동시에 오직 볼피의 노작이라 할 수밖에 없을 이 소책자
는 이처럼 광범위하고도 치밀한 작업의 결과 마침내 처음
으로 빛을 볼 수 있게 되었다. 물론 쇼펜하우어의 글 자체
는 생활인의 정신적 수양을 위한 메모로서 대부분 누구나
친근감을 느끼면서 용이하게 동행할 수 있는 철학적 성찰
이다. 그러나 용어 선택 등의 측면에서 이와 같은 원전의
의의를 되도록 존중하고자 노력한 이 역서에서도 편저의
진정성과 편자의 전문적인 식견은 충분히 돋보이리라 믿
는다.

   어쩌다 마주친 보석과도 같은 성찰들은 늘 생생한 상태
로 염두에 넣어두고 싶은 법이다. 그러나 사실 그것은 매

우 어려운 일이다. 우리가 휩쓸려야 하는 일상은 끊임없이 그러한 성찰만을 우리의 의식에서 걸러 내버리기 때문이다. 그렇지만 그러한 성찰이 담긴 책을 늘 가까운 곳에 두고 종종 펼쳐 그러한 성찰을 되새김으로써 거꾸로 혼탁한 일상을 걸러내어 자신을 타성으로부터 추스르는 일은 그리 어렵지 않을 듯하다. 이 책에는 그러한 성찰이 가득하다. 이를테면, "[환상이 팽창시킨 어두운] 꿈은 밝은 꿈과 달리 우리가 깨어날 때 머리를 흔들어 떨쳐버릴 수 없다."거나, "뭔가 나쁜 일이 있을 때에는, 그 나쁜 일이 생기지 않을 수도 있었을 것이라는 생각에 말려들지 말라."는, 그렇지 않으면 "자기 자신을 스스로 괴롭히는 사람"이 된다는 구절들이 그것이다. 언뜻 낯익고 진부하게 여겨지는 구절이 눈에 띌 때도 있지만, 그러한 구절은 곧 깊은 성찰로 이어지거나 체계적인 관점에서 명확하게 정리된다. 이를테면, "자기 자신을 적시에 약간만 억제한다면, 나중에 겪어야 할 많은 외적 강제들을 예방할 수 있다."는 말은 여러 차례 들어본 듯한 것이다. 그러나 쇼펜하우어는 이어서 왜 그러한 예방이 유쾌한 일인지를 설명하는데, 그것은 자신에 대한 강제와 외부의 강제가 다르기 때문이다. "우리는 우리 자신을 억제하는 도중에도 항상 이 자기 억제 자체를 제어할 수 있다. 그래서 극단적인 경우, 또는 우리 본성의 가장 민감한 부분을 건드리는 경우 자기 억제를 중단할 수 있다. 그러나 외부의 강제는 냉혹하고 가차없고 무자비하다."

번역을 마무리할 무렵, 같은 날 대하게 된 두 가지 불행을 돌이켜본다. 아내 몰래 거액을 빌려 벤처기업에 투자했다가 모두 날린 어떤 사람이 아이의 생일날 옷가지 하나를 사줄까 망설이다 그 빚 때문에 포기했다는 아내의 말을 듣고 죽음을 생각했다는 것은 가까운 곳의 소식으로 그 심경을 헤아리기가 그다지 어렵지 않았다. 먼 곳의 소식은 인도의 일하는 아이들 이야기였다. 하루 14시간 노동에 배고픔을 잊고자 잠을 청하는 밧줄 공장 아이들이 있는가 하면, 가족이 진 단돈 50달러의 빚 때문에 종일 앉은 채로 하루 천 개의 담배를 말아 5루피, 우리 돈 약 140원씩 받는 고된 노동에서 평생 벗어날 수 없는 아이들도 있었다. 그처럼 중노동에 시달리는 어린아이들이 인도에만 1,740만 명, 세계적으로 2억 명에 이른다고 하나, 그 수많은 아이들의 심경을 헤아리기는 힘겨운 일이었다. "우리의 불행에 대한 가장 효과적인 위안은 다른 사람들의 훨씬 더 큰 고통을 바라보는 것"이라는 조언이 그 아이의 아버지에게 도움이 될 수 있을지, 또 과연 도움이 되어도 무방할지를 말하기는 쉽지 않다. 우리는 이미 이런 식의 조언에 식상해 있고, 또 자기의 불행보다 더 큰 불행이 단지 자기 위안을 얻는 수단이어서도 안 될 것이기 때문이다.

그럼에도 어쨌든 훨씬 더 큰 불행을 돌아보는 것은 적어도 지나친 자기 질책이 무슨 의미가 있는지를 차분하게 살피거나, 아직 자기 곁에 있는 것들의 실제 가치를 깊이 되새기게끔 하는 계기가 될 수 있다. 그럼으로써 불행 자체가 바로 사라지지는 않는다. 다만 중요한 것은 현실 자체로 인한 불행과 자기 자신으로 인한 불행을 분별하는 것이고, 불행한 중에도 행복으로 남아 있는 것들의 가치를 인식하여 현재의 행복으로 명랑하게 누릴 줄 아는 것이겠는데, 물론 이것도 말처럼 간단하지 않은 일이다. 왜냐하면 이것이 분명 진실임에도 이 진실을 진실로 깨우치기는 어렵기 때문이다. 그리하여 종종 우리는 내내 시달리며 긴 시간을 허송하기도 하는데, 나중에는 그처럼 괴로워한 세월이 무서워서 그 헛됨을 인정하기 어려워지고, 그 헛된 고집 때문에 한층 더 큰 고통 속에 주저앉아 있기도 한다. 그래서인지 쇼펜하우어는 자기 자신으로 인한 불행의 무익함을 되도록 일찍 깨우쳐 불행을 떨쳐버리는 데 도움이 될 만한 말을 덧붙인다. "물론 자기 자신을 괴롭히는 것도 유익할 수는 있다. 한 번 스스로 내린 징벌을 겪어보면 다음번에는 그렇게 하지 않으려고 조심할 수 있기 때문이다." 또 쇼펜하우어는 간단히 '중요한 것은 현재'라고 말하는 데 그치지 않고, "〔우리를 지속적으로 사로잡는〕 미래를 위한 근심은 종종 무익하고, 과거를 향한 미련은 항상 무익하다."고 설명하는데, 이것은 단지 순간의 통찰이 아니라 과거와 현재와 미래에 관한 명확한 견해에 바탕을 두고 있다. 이처럼 다양하고 구체적인 동시에 체계적인 사유를 함축된 표현에 담고 있는 쇼펜하우어의 철학적 성찰은 그럼으로써 행복에 관한 진실을 진실로 깨우칠 수 있게 한다.

차 례

Arthur Schopenhauer

◉ 일러두기

1. 보완된 텍스트에는 꺾쇠 〈 〉 표시를 했다.
2. 독일 편자의 주해, 이를테면 개별 텍스트의 전거나 외국어 인용의 번역 및 해당 문헌을 제시할 때에는 대괄호 〔 〕 표시를 했다.
3. 밑줄 친 부분은 원서의 이탤릭체 대신 큰따옴표를 사용하였으며, 책명도 이탤릭체 대신 꺾쇠를 사용하였다.

자세한 사항은 〈독일어판 출판에 부쳐〉 4. 구성과 편집 참조.

행복론―〔행복을 위한 비결〕

이론화된 '삶의 지혜'는 '행복론'과 거의 유사한 뜻을 가진다고 봐도 좋을 것이다.[1] 삶의 지혜는[2] 가능한 한 행복하게 사는 법을 가르쳐야 한다. 이 과제를 이행하기 위해서는 두 가지 조건을 충족시켜야 한다. 즉, 스토아주의적 신념과 마키아벨리주의를 배제해야 한다. 스토아주의는 체념과 결핍의 길이다. 중요한 것은 평범한 인간을 위한 지식이다. 평범한 인간은 체념과 결핍의 길을 거쳐 행복을 추구하기에는 너무나 의지로 충만해 있다(즉, 일반적인 표현을 사용하자면 너무 감성적이다). 또한 마키아벨리주의는 다른 모든 사람들의 행복을 제물로 삼아 자신의 행복을 이루고자 하는 것을 뜻한다. 그러나 평범한 인간이 그렇게 사는 데 필요한 이성을 갖고 있다고 전제해서는 안 된다. 따라서 이것도 배제해야 한다.[3]

그러므로 행복론의 영역은 스토아주의와 마키아벨리주의 사이에 자리잡고 있다. 행복론의 입장에서 보면, 양 극단은 목표 지점에 좀더 빨리 접근하지만 끝내 다다르지 못하고 끝나는 길과 같다. 행복론은 인간이 깊이 체념하거나 힘겹게 자기 자신을 극복하는 일 없이, 또한 타인을 단지 자기의 목적 달성을 위한 수단으로 간주하지 않고도 되도록 행복하게 살 수 있는 방법을 가르쳐준다.

보다 중요한 것은 우리에게 적극적이고 완벽한 행복은 불가능하며, 비교적 덜 고통스러운 상태만 기대할 수 있다는 사실이다. 그럼에도 이 점에 대한 통찰은 우리가 삶이 허용하는 만큼의 행복을 누리는 데 도움이 된다. 다음으로 중요한 것은 이렇게 살기 위한 수단의 극히 일부만이 우리가 가진 권능의 범위 내에 있다는 사실이다. 다시 말해 우리가 사용할 수 있는 수단은 매우 적다.[4]

여기에는 두 가지가 있다.

1) 우리 자신에 대한 행동 원칙들
2) 다른 사람들에 대한 행동 원칙들[5]

그러나 이렇게 두 가지로 나누기 전에, 우선 인간에게 가능하다고 규정된 행복의 본질은 무엇이고, 그 행복을 위해 본질적으로 필요한 것은 무엇인지를 좀더 상세히 규정하고 논의해야 할 것이다.

첫째, 명랑한 정서, 즉 행복한 활기가 중요하다. 바로

이것이 인간이 누리는 괴로움과 기쁨의 정도를 결정한다.[6)]

둘째, 명랑하기 위해서는 무엇보다 몸이 건강해야 한다. 건강은 명랑한 정서와 서로 아주 긴밀하게 연관되어 있으며, 이를 위한 필수조건이라고까지 말할 수 있다.

셋째, 정신적인 평온이 중요하다. "행복의 대부분을 이루고 있는 것은 현명함이다."〔소포클레스, 《안티고네》〕 "가장 즐거운 삶의 본질은 무념무상이다."〔소포클레스, 《아이아스》〕

넷째, 외부의 자산도 중요하다. 하지만 아주 약간만 있으면 된다. 에피쿠로스는 이렇게 구분한다.

1) 당연히 필요한 동시에 꼭 필요한 자산
2) 당연히 필요하지만 꼭 필요하지는 않은 자산
3) 당연히 필요하지도 꼭 필요하지도 않은 자산

행복론이 가르쳐야 할 것은 첫 번째와 두 번째의 자산을 얻는 방법이다. (가장 훌륭한 가르침은 자연에 의해 도처에서 행해진다. 그러나 그 가르침을 얻는 것은 우리에게 달려 있다.) 이것은 삶의 원칙들을 수립함으로써 가능할 것이다. 이것은 어려운 작업이다. 또 이 작업의 본보기로 삼을 만한 것을 나는 알고 있지 않다. 따라서 그러한 원칙들을 우선 떠오르는 대로 적어둔 다음, 거기에 표제어를 붙이고 서로 연결시키는 것이 최선이다. 이제 시도해보자.

삶의 원칙 1

〈우리 모두는 이상향에서 태어났다.[7]〉말하자면 세상에 태어날 때 우리에게는 갖가지 행복과 즐거움을 누려보고자 하는 마음이 가득하다는 것이다. 그리고 운명이 투박한 손으로 우리를 낚아챌 때까지, 실제로 그 뜻을 이루어 보겠다는 어리석은 희망을 간직한 채 살아간다. 하지만 이윽고 운명은 우리가 가진 모든 것이 사실은 우리 것이 아니라 자기 것이라는 사실을 알려준다. 운명은 우리의 모든 재산과 소득, 팔과 다리와 눈과 귀, 심지어 얼굴 한복판의 코에 대한 권리까지 갖고 있다. 운명의 권리 행사에 대해서는 아무도 이의를 제기하지 못한다.

그때 비로소 경험이 우리를 찾아온다. 그리하여 행복과 즐거움이란, 환상(幻想)이 조화를 부려 아득한 곳에 떠오르게 한 허상(虛像)일 뿐이라고 깨우쳐준다. 반대로 번민과 고통은 실재하는 것이며, 환상이나 갈망 없이 출현한다는 사실도 깨우쳐준다. 그 깨우침이 결실을 거두면, 우리는 더 이상 행복과 즐거움을 찾으려 하지 않는다. 오직 어떻게 하면 고통과 번민을 피할 수 있을까를 염두에 둔다. "현자는 쾌락이 아니라 고통 없는 상태를 추구한다."
〔아리스토텔레스, 《니코마코스 윤리학》〕 우리는 고통 없고
평온한 현재, 견디고 살 수 있을 만한 현재가 세상에서 얻
을 수 있는 최선의 것임을 깨닫게 된다. 그러므로 우리의
현재가 그처럼 평온하게 되면, 그런 상태의 가치를 인정
하게 된다. 우리는 상상 속의 즐거움만을 끊임없이 동경
하게 될까 봐 조심한다. 또한 운명에 의해 좌지우지되는
전혀 예측할 수 없는 미래 때문에 불안스러이 근심하다가
현재를 망쳐버리지 않도록 주의한다.)[8]

   덧붙임 : 그러나 삶이 그리 짧지 않은 한 토막의 현재에
불과하다고 생각하는 것은 어떠한가? 즉, 삶 전체는 전적
으로 무상하며 확실한 것은 현재뿐이라는 생각에서 항상
현재만을 최대한 즐기려고 애쓴다면, 이것 또한 얼마나
어리석은 일이겠는가? 원칙 14를 보라.

질시를 피하라 : "다른 사람이 그대보다 행복하다는 사실이 고통스럽다면, 그대는 결코 행복해질 수 없으리라." 〔세네카, 《노여움에 대하여》〕 "만약 지금 얼마나 많은 사람이 그대보다 앞섰는가를 염두에 두고 있다면, 이제 얼마나 많은 사람이 그대 뒤에 따라오고 있는가를 생각하라." 〔세네카, 《도덕 서한》〕 삶의 원칙 27을 보라.

〈질시만큼이나 다스리기 어렵고 끔찍한 것은 없다. 그럼에도 우리는 지칠 줄 모르고 서로에게 질시를 불러일으키고자 애쓰고 있는 것이다.〉[9]

삶의 원칙 3
후천적 특성에 관하여(저서 436쪽)[10]

〈'후천적 특성'이란 지적 특성이나 경험적 특성과는 별 개인 제3의 특성을 말한다. 이 성격은 세상의 인습을 겪으 며 살아가는 동안에 얻게 된다. 사람들은 누군가를 독특 한 사람이라고 칭찬하거나 특징이 없다고 흠을 잡을 때가 있다. 이때 말하는 특징이 바로 후천적 특성이다.

경험적 특성은 지적 특성이 현실에서 모습을 드러내는 현상이다. 이 특성은 변하지 않으며, 모든 자연 현상들처 럼 일관성 있게 나타난다. 그렇다면 인간이 항상 동일한 모습으로 나타날 수밖에 없지 않느냐고 생각할지도 모른 다. 또 체험과 명상을 통해 인위적인 성격을 후천적으로 습득할 필요는 없지 않느냐고 생각할지도 모른다. 그러나 그렇지 않다. 인간이 항상 동일한 존재라 할지라도, 언제 나 자기 자신에 대해 제대로 알고 있는 것은 아니기 때문 이다. 말하자면 인간은 고유한 자기 인식을 어느 정도 획 득할 때까지는 종종 자신을 오해한다.

경험적 특성 자체는 본능적인 성향에 불과하므로 비이

성적이다. 이성은 이 성향이 겉으로 드러나지 않게 제어한다. 그리고 인간이 더 많은 분별과 사고력을 갖게 될수록 더 강력하게 제어한다. 왜냐하면 분별과 사고력은 '인간 일반'의 유적(類的) 특성에 어울리는 것, 즉 '일반적 인간'의 의지와 행위로 가능한 것을 하지 못하게 늘 견제하기 때문이다.

이로 인해 세상에서 오직 자기만의 개성을 발휘하여 할수 있는 것과 하고자 하는 것을 통찰하기가 어려워진다. 인간은 각자 서로 다른 인간적 갈망과 능력 속에서 자기의 소질을 발견한다. 그러나 그 소질의 수준이 개성에 따라 다르다는 점은 실제 겪어보아야 뚜렷이 인식할 수 있다. 더구나 인간이 자신의 성격에 적합한 목표를 지향한다고 할지라도, 그는 때에 따라 또한 상황에 따라 정반대의 목표를 지향하도록 자극받기도 한다. 그러나 이 두 목표는 하나로 통합될 수 없다. 그러므로 앞의 목표를 원활하게 추진하고자 한다면, 뒤의 목표는 완벽하게 억제해야 한다. 우리가 지상에서 걷는 길은 선이지 평면이 아니기 때문이다.

만약 우리가 무엇 하나를 붙잡으려고 한다면, 수없이 많은 좌우의 다른 것들은 포기하고 내버려두어야 한다.

우리가 결단을 내리지 못하고 명절날 시장에 간 아이들처럼 마음에 드는 것마다 모조리 붙잡으려 한다면, 이것은 곧 우리의 길을 선에서 평면으로 변환시키려는 잘못된 노력을 의미한다. 그래서 결국 우리는 갈팡질팡 달리고 이곳 저곳을 오락가락하다가 아무것도 손에 넣지 못하게 된다.

* * *

홉스의 법이론을 원용해서 비유해보자. 본래 모든 사람은 각자 모든 것에 대한 권리를 갖고 있지만, 그 어떤 것에 대해서도 배타적인 권리를 갖고 있지는 않다. 한 인간이 어떤 한 가지에 대한 배타적인 권리를 획득하기 위해서는 다른 모든 것에 대한 권리를 포기해야 한다. 이와 동시에 다른 사람들이 그가 선택한 것에 대한 권리를 포기해야 한다.

삶에 있어서도 마찬가지다. 우리가 어떤 특정의 목표를 진지하게 추구하여 수월하게 실현시키려면, 그 목표가 향락·명예·부·지식·예술·미덕, 기타 어느 것이든 그 한 가지 목표와 무관한 모든 욕심들을 버려야 한다. 그리고 다른 모든 목표들도 포기해야 한다.

그러므로 단순한 의욕과 능력 자체만으로는 부족하다. 인간은 자신이 하고자 하는 것과 할 수 있는 것이 무엇인지를 '알아야만' 한다. 그럼으로써 비로소 인간은 성격을 나타내게 된다. 또 그런 후에야 진정 무엇인가를 성취할 수 있다. 그런 상태에 이르기 전에는 경험적 특성에서 자연히 생겨나는 특징들을 지니고 있을 뿐이다. 이 점에서 그는 성격이 없는 인간이다. 비록 그가 변함없이 충실하게 나름대로 살아가고 있다 할지라도, 사실 그는 자신의 마성에 이끌리고 있는 것이다. 그러므로 그의 삶은 곧게 뻗어나가지 않는다. 그의 삶은 균형을 잡지 못하고 떨리는 궤적을 그리게 된다. 그는 동요하다가 벗어나서 되돌아가게 되며, 후회와 고통을 맛보게 된다.

이렇게 되는 이유는, 그가 인간이 성취할 수 있는 무척 많은 것 중에 자기에게만 적합하고 자기만이 할 수 있는 것, 또한 자기에게만 즐거운 것이 무엇인지를 모르기 때문이다. 그래서 그는 여러 사람의 처지와 상황을 부러워하게 된다. 그러나 그런 처지와 상황은 그들의 성격에나 적합할 뿐, 그 자신의 성격에는 적합하지 않다. 그러므로 그런 처지와 상황에 놓이게 된다 할지라도 그는 자신이 불행하다고 느끼게 될 것이며, 아마 그 상황을 감당할 수조차 없을 것이다. 물 속의 물고기처럼, 하늘의 새처럼, 땅 속의 두더지처럼, 인간은 각자 자신에게 적합한 대기 속에서 쾌적함을 느끼기 때문이다.

이를테면 누구나 궁중의 대기를 숨쉬며 살 수는 없다. 이 모든 것들에 대한 부정확한 통찰로 인해 적지 않은 사람들은 온갖 헛된 시도를 하게 된다. 이들은 자기들의 성격 속속들이 강제적인 힘을 가한다. 그렇지만 결국 그들은 다시금 자기들의 성격에 굴복하지 않을 수 없다. 또한 이처럼 자신의 본성을 거스르며 힘들게 획득한 것은 아무 즐거움도 가져다주지 못한다. 이런 식으로 습득된 것은 사장되어 있을 뿐이다. 심지어 윤리적인 관점에서 보더라도, 순수하고 직접적인 동기가 아닌 개념과 독단에서 비롯된 행위는 그 자신의 성격에 비해 지나치게 고귀한 행위이다.

이런 행위에는 이기적인 후회가 뒤따른다. 그리하여 모든 것은 헛일이 되며, 본인도 결국 이 사실을 직시하게 된다. "욕구란 배워서 얻어지는 게 아니다."〔세네카,《도덕 서한》〕

이를테면 다른 사람의 성격을 바꾸기가 어렵다는 사실

은 오직 경험을 통해서 인식하게 된다. 그러기 전에 우리는 아직 유치한 믿음을 간직하고 있다. 말하자면 우리는 누군가에게 이성적으로 설명하고 부탁하고 애원함으로써, 또 본보기와 아량을 보임으로써, 그가 자기의 기질을 버리고 사고방식과 행동방식을 바꾸게 할 수 있다고 믿는다. 심지어 그의 능력을 신장시켜줄 수조차 있다고 믿는다. 이런 믿음은 그릇된 믿음일 뿐이다.

그런데 사실 우리 자신의 성격도 다른 사람들의 성격과 다르지 않다. 우리는 우리가 하고자 하는 것과 할 수 있는 것이 무엇인지를 오직 우리가 실제로 겪어봄으로써 알아내야 한다. 경험을 통해 알아내기 전까지 우리는 아직 성격이 없는 상태에 있으며, 그래서 종종 외부로부터 강한 충격을 받고 본래 가던 길로 되돌아가게 된다.

* * *

그러나 마침내 우리가 우리 자신의 의지와 능력을 구체적으로 알아내면, 바로 그때 우리는 세상 사람들이 성격이라 부르는 '후천적 특성'을 획득한다. 그러므로 이 특성은 다름이 아니라 자기 자신의 개성에 관한 최대한 완벽

한 지식을 뜻한다. 즉, 이 특성은 자기의 경험적 특성이
가진 항구적인 속성에 관한 지식이다. 또한 자신의 정신
적·육체적 능력이 어느 정도이고 어떤 방향을 가리키고
있는지에 관한 지식이다.

요컨대 '후천적 특성'은 자기 개성의 모든 강점과 약점
들에 관한 지식인 것이다. 이 지식은 추상적인 지식이며,
그렇기 때문에 명료한 지식이다. 이전에 우리가 일정한
규칙 없이 본성에 따라서 우리 자신의 역할을 수행했다
면, 이제 이 지식은 그 역할을 체계적으로 사려 깊게 수행
하게 해준다. 동시에 변덕스러움이나 나약함을 초래하는
우리의 결점들을 확고한 개념의 안내에 따라 제거하게 해
준다.

우리의 행동방식은 우리의 개별적인 본성에 바탕을 두
고 있기 때문에 본래부터 필연적이었다. 그러나 우리는
마침내 이 행동방식을 우리가 항상 확연하게 의식하고 있
는 원칙들 위에 정립한다. 그리고 그 원칙에 따라 분별력
을 지니고 행동하게 된다. 그리하여 마치 새로운 행동방
식을 습득한 것처럼 행동하는 것이다.

우리는 현재 상황에서 느끼는 인상이나 일시적인 분위
기에 의해 오도되지 않는다. 우리의 행로에서 때에 따라

겪는 쓰라림이나 감미로움에 구애받지 않는다. 우리는 망설이지 않으며 줏대 없이 동요하지도 않는다. 우리는 더이상 우리가 무엇을 하고자 하며 무엇을 할 수 있는지를 알아내기 위해 더듬어보고 궁리하는 풋내기가 아니다. 우리는 그 점을 항상 숙지하고 있으며, 어떤 결정을 내려야 할 때마다 개별 사안에 보편적인 원칙들을 적용하여 즉각 결론을 내린다.

자신의 전반적인 의지를 알고 있는 우리는 우리의 기분이나 다른 사람들의 권고에 미혹되어 의지와 반대되는 결정을 내리지 않는다. 또한 우리는 우리의 재능과 약점이 어떤 양상으로 어느 정도 나타나는지를 알고 있기 때문에, 고통을 크게 경감시킬 수 있다. 왜냐하면 즐거움이란 본래 자기 자신의 능력을 느끼고 사용함으로써만 얻어지기 때문이다. 자신에게 필요한 능력이 부족하다는 사실을 아는 것이야말로 가장 큰 고통이다. 우리의 강점과 약점에 대한 탐색을 마치면, 우리는 두드러지게 타고난 자질을 도야하고 활용하며 다방면에 적용해보려 할 것이다. 아울러 항상 우리의 소양이 필요하고 유용한 분야에만 관심을 두게 될 것이다. 즉, 스스로를 극복함으로써 타고난 자질이 미미한 분야에 대한 헌신을 삼가고 성취 불가능한 시도를 피하게 될 것이다. 이 상태에 이른 사람만이 사리 분별에 부족함이 없는 사람이다.

그는 자신에게 요구할 수 있는 바를 항상 알고 있기 때문에, 결코 자신을 위험 속에 방치하지 않을 것이다. 그는 종종 자신의 능력을 확인하는 기쁨을 맛볼 것이다. 자신의 허약함을 상기해야 하는 아픔, 즉 굴욕감으로 인해 심한 정신적 고통을 초래하는 아픔은 드물게만 경험하게 될 것이다. 자신의 불운을 명확하게 파악하면, 그 불운을 훨씬 더 수월하게 이겨낼 수 있기 때문이다.

*   *   *

우리가 우리 자신의 강점과 약점을 충분히 주지한다면, 우리에게 없는 능력을 보여주려 하지 않을 것이다. 그러한 능력은 위조 지폐와 같고, 그러한 속임수로는 목표를 달성할 수 없기 때문이다. 인간의 모든 것은 그가 지닌 의지의 표현일 뿐이다. 과거를 성찰한 다음, 자신이 아닌 어떤 다른 존재가 되고자 하는 것보다 더 불합리한 행위는 없다. 그렇게 되면 의지는 의지 그 자체와 직접 대립하게 된다. 타인의 고유한 성격을 모방하는 것은 어울리지 않

는 옷을 걸치는 것보다 훨씬 더 큰 모멸감을 자아낸다. 그
것은 곧 그 자신의 무가치함을 선언하는 것과 같다. 이런
관점에서 자기 자신의 성향과 다양한 능력 그리고 각각의
능력이 지닌 불변의 한계를 파악하는 것이야말로 자기 자
신에 대한 만족도를 극대화할 수 있는 최선책이다.

  이와 같은 우리 내면의 이치는 외적인 상황과 우리의
관계에서 통용되는 이치와 동일하다. 불행을 겪을 때 우
리에게 진정한 위안을 주는 것은, 불행한 외적 상황이 필
연적이고 변화가 불가능하다는 확신뿐이다. 닥친 불행 자
체보다 그 불행을 피할 수도 있었을 것이라는 생각이 우
리를 더 고통스럽게 만드는 법이다.

  따라서 사건을 필연성의 관점에서 바라보는 것보다 더
효과적인 위안을 주는 것은 없다. 그러한 관점에 따르면
우연이란 운명이 우리의 삶을 지배하는 데 사용하는 도구
이다. 그러한 관점에 따라 우리는 우리의 삶에 닥친 불행
이 내적·외적 상황의 갈등으로 인해 불가피하게 야기되
었음을 인식한다. 이것이 운명론이다. 우리가 탄식하고
몸부림치는 것은 그럼으로써 타인들에게 영향을 미치거
나 스스로 엄청난 분발을 촉구하고 싶기 때문이다. 그러
나 어린이와 어른들은 상황이 달라질 수 없다는 사실이

확연해지면 만족스럽게 행동할 줄 아는 법이다.

"가슴에 품은 한을
강제로 억누르고서."
〔호메로스, 《일리아스》〕

사로잡힌 코끼리는 며칠 맹렬하게 날뛰어보다가 마침내 그런 노력이 허사임을 알게 되면 갑자기 멍에 앞에 순순히 목을 내밀어 영원히 길들게 된다. 우리는 그 코끼리와 같다. 또한 우리는 자식이 아직 살아 있을 때 여호와에게 끊임없이 기도하며 필사적으로 애쓰다가 자식이 죽은 뒤 생각을 지워버린 다윗 왕과도 같다.

그러므로 수많은 사람들은 가난과 장애, 비천한 신분, 흉한 용모 그리고 참담한 주거 환경 등 수많은 불행들을 묵묵히 견뎌내며 정신적으로 시달리지 않는다. 그들의 불행은 상처가 아문 흉터와도 같다. 모든 것이 내적·외적 필연성에 따른 것이어서 바꾸어놓을 수 있는 여지가 없다는 점을 그들은 알고 있는 것이다. 반면에 그들보다 행복한 사람들은 그들이 어떻게 견뎌낼 수 있는지를 이해하지 못한다. 이처럼 외적 상황의 필연성에 대한 인식만이 그 상황과 안정된 화해를 가능하게 하듯이, 내면과 화해를 위해서는 내면적인 필연성을 인식해야 한다.

만약 우리가 첫째로 우리의 우수한 성격과 강점 그리고 결함과 약점을 일단 명확하게 인식하고, 둘째로 거기에 합당한 목표를 설정한 다음 이룰 수 없는 것은 이룰 수 없는 대로 만족하게 되면, 마침내 우리는 우리의 개성이 허용하는 한 우리 자신에 대한 불만, 즉 모든 고통 중에 가장 참담한 고통에서 가장 안전하게 벗어나게 된다. 이 고통은 자신의 개성에 대한 무지와 그릇된 자부심, 그리고 여기에서 기인한 교만의 소산이기 때문이다. 지금까지 내가 간절히 권유한 자기인식이란 예리한 주제는 오비디우스의 시 한 구절을 빌려서 빼어나게 표현될 수 있다.

"그것이야말로 정신을 돕는 가장 훌륭한 벗이니,
마음을 옭아매고 괴롭히던 속박을 영원히 깨뜨려준다."
〔오비디우스, 〈사랑의 치료법〉〕

'후천적 특성'에 관한 지금까지의 논의가 윤리학 본연의 영역에 중요하다거나 인생을 위해서 중요하다고 할 수는 없다. 그럼에도 이 제3의 특성에 관한 논의는 지적 특성 및 경험적 특성에 관한 논의와 나란히 놓이게 되었다. 의지는 그 자체로 자유롭고 전능하다고 말할 수 있는 반면, 의지의 모든 현상들은 필연성에 종속되어 있다. 지금까지의 꽤 상세한 논의는 바로 이 점을 분명히 밝히기 위해 필요했던 것이다.〉

삶의 원칙 4
욕심과 소유의 관계에 관하여(저서 442쪽의 여백)[11]

〈사람들은 어떤 재화를 갖고 싶은 마음이 없으면, 전혀 그것을 손에 넣고자 애태우지 않는다. 그리고 그것이 없어도 만족하며 산다. 반면 다른 사람들보다 백 배쯤 많은 소유물을 갖고 있는 사람일지라도 자신이 갖고 싶은 단 한 가지 재화가 없다면, 그 사람은 자신이 불행하다고 생각한다. 이 점에서 누구에게나 그 시선이 다다를 수 있는 한계, 즉 나름의 고유한 시계(視界)가 있다.

무엇인가를 갖고 싶다는 요구는 그 시계의 범위 내에서 제기된다. 그 범위 내의 어떤 대상에 자기의 손길이 미칠 수 있다고 믿어지면, 그는 행복감을 느낀다. 반면에 난관으로 인해 전망이 어두워지면, 그는 자신이 불행하다고 생각한다. 이때 그 시계의 바깥에 놓여 있는 것들은 그에게 아무런 영향도 미치지 않는다.

따라서 부유한 사람들의 막대한 재산은 가난한 사람들의 마음을 들쑤셔놓지 않는다. 다른 한편으로 일이 뜻대로 되지 않는 부자들은 자기들이 지니고 있는 많은 재산에서 위안을 얻지 못한다. 부는 바닷물과 같아서 마시면 마실수록 갈증을 일으킨다.

명성도 부와 마찬가지다. 부와 안락함을 잃어버리게 된다 해도, 처음 한동안의 고통을 견뎌낸 다음 우리는 부유해지기 전과 크게 다르지 않은 습관적 생활로 돌아간다. 운명 때문에 소유물이 줄어들게 되면, 우리도 스스로 요구 사항을 줄이게 된다는 말이다.

이러한 과정은 참화를 당했을 때 고통을 겪는 과정과 같다. 즉, 통증이 점차 감소되어 마침내 전혀 느껴지지 않게 된다. 상처가 아물게 되는 것이다. 반대로 행운이 닥치면 우리의 욕심은 팽팽하게 부풀고 요구 사항이 늘어난다. 이때 우리는 기쁨을 느낀다. 그러나 이 과정이 마무리되면, 기쁨도 더 이상 지속되지 않는다. 우리는 이미 늘어나버린 우리 자신의 요구 사항들에 익숙해지며, 그 요구에 부응하는 소유물을 갖는 일에도 무덤덤해진다.

이 점은 호메로스의 《오디세이아》 18장 130쪽부터 137쪽 사이에서도 찾아볼 수 있는데, 여기에는 다음과 같은 구절이 있다.

"지상에 살고 있는 인간들의 성향은 그러하노니

신과 인간들의 아버지께서 하사하신 것, 바로 날[日]이란 선물에 비할 수 있느니라."

욕구를 억제할 수 있는 요소들이 잠자고 있는 동안, 우리는 우리의 욕구를 극대화하려고 끊임없이 새로운 시도를 감행한다. 이 무한한 시도가 바로 불만의 원천인 것이다.〉

삶의 원칙 5
개개인이 겪는 고통의 양은 각자의 본성에 의해 정해진다[12]

〈고통은 피할 수 없는 것이다. 또한 고통은 꼬리를 물고 등장하는 법이다. 한 가지 고통이 사라지면 새로운 고통이 나타난다. 이 점에 유의한다면 고통에 관한 역설적인, 그러나 불합리하지 않은 가설이 세워질 수 있다. 즉, 개개인이 겪는 근본적인 고통의 양은 각자의 본성에 의해 범위가 정해지고 그대로 유지된다는 가설이다. 개개인이 겪는 고통의 외적인 형식은 바뀔 수도 있다. 그러나 고통의 양은 정해진 범위의 상한선을 초과하거나 하한선에 미달하지 않을 것이다. 따라서 고통과 행복은 외적인 상황에 의해 좌우되지 않고, 오직 본성의 척도와 개인적 소양에 따라 결정될 것이다. 그리고 그 소양은 육신의 상태에 따라 때때로 강화되거나 약화되겠지만 전반적으로는 일정하게 유지될 것이다. 그것을 가리켜 우리는 타고난 기질이라고 부른다. 또한 그것은 플라톤이 〈국가론〉 제1권에서 말했던 심적 상태, 즉 "사람의 마음이 가볍거나 무거운 정도"를 가리킨다.

이 가설을 뒷받침해주는 것은 누구나 겪어보고 익히 알고 있는 경험이다. 즉, 몹시 괴로운 일이 생기면 사소한 걱정거리들은 눈에 들어오지 않는다. 반대로 별다른 큰 걱정거리가 없으면 사소한 일들이 우리를 성가시고 불쾌하게 만들곤 한다.

그러나 우리가 경험을 통해 터득한 사실은 그뿐이 아니다. 생각만 해도 오싹할 정도로 지독한 불행을 실제 겪게 된다 할지라도, 처음 한동안 고통을 견디고 난 뒤 우리의 전반적인 심적 상태는 불행을 겪기 전과 비슷해진다. 반대로 오랫동안 소망하던 행운이 찾아오는 경우에도 우리의 기분이 모든 면에서 전보다 훨씬 더 편안하고 유쾌한 상태를 계속 유지하는 것은 아니다. 그러한 행운이나 불행이 찾아오는 순간에는 말할 수 없는 비탄에 빠지거나 마음껏 환호하게 되지만, 그 비탄이나 감격은 마침내 사라지고 만다. 왜냐하면 그러한 기분은 미혹에 기인하는 것이기 때문이다. 다시 말해 그러한 기분은 지금 현재의 괴로움이나 즐거움 때문에 생겨난 것이 아니라, 오직 괴로움이나 즐거움이 예상되는 미래가 새로 시작된다는 사실 때문에 생겨난다. 괴로움이나 즐거움은 미래에서 빌려

와야만 고조될 수 있는 까닭에 지속될 수가 없는 것이다.

인식과 마찬가지로 고통과 행복의 감정도 대부분 주관적·선험적으로 결정된다는 가설의 타당성은 다음과 같은 점에서도 입증될 수 있다. 우리는 가난한 사람들이 부유한 사람들 못지 않게 즐거워하는 모습을 볼 수 있다. 오히려 그러한 모습은 부유한 사람들보다 가난한 사람들에게서 더 자주 발견된다.

그러한 한 인간의 기쁨과 슬픔은 재산이나 지위와 같은 외적 조건에 의해 결정되지 않는다. 이 점은 사람마다 자살의 외적 동기들이 무척 다양하고 서로 크게 다르다는 사실에서도 알 수 있다. 온갖 성격의 사람들을 십중팔구 자살로 이끌 만큼 심대한 불행은 한 가지도 없다. 또한 자살을 유발할 가능성이 가장 희박하다고 할 만큼 사소한 불행은 매우 적다. 온갖 불행이 자살의 동기가 될 수 있는 것이다. 그러므로 우리의 즐거움과 슬픔의 정도가 때에 따라 달라지는 것도 외적인 형세의 변동 때문이 아니라 내적 상황과 신체적 상태의 변화 때문이라고 봐야 한다.

* * *

우리가 일시적으로나마 조금씩 명랑해지다가 기쁨까지 차오르게 될 때를 생각해보라. 그럴 만한 이유가 우리의 외부에 전혀 없을 때에도 곧잘 우리의 마음은 그처럼 고양되곤 한다. 물론 순전히 어떤 특정한 외부 상황 때문에 고통을 겪을 때도 종종 있기는 하다. 그럴 때 분명 우리는 오직 그 상황 때문에 기가 꺾이고 우울해진다. 그래서 우리는 그 상황만 해소되면 더 바랄 것 없는 만족감을 맛볼 수 있으리라고 믿는다.

그러나 이 믿음은 착각에 불과하다. 우리의 가설에 따르면 괴로움과 즐거움의 대체적인 정도는 언제나 주관적으로 결정된다. 앞서 말한 우울함의 외적 동기는 몸에 붙이는 고약과 같다. 즉, 몸 속 곳곳에 분포되어 있던 온갖 좋지 못한 성분들을 흡인해서 한 곳으로 집결시키는 작용을 할 뿐이다. 그 성분들로 인한 고통은 우리의 본성에 기인하는 것이기 때문에 피할 수 없는 것이며, 외부의 특정한 원인이 없었다면 수백 개의 지점에 분산되어 있었을 것이다. 그리고 이런 저런 일을 겪을 때 수백 가지 자질구레한 짜증과 근심의 모습으로 나타났을 것이다.

하지만 그처럼 사소한 짜증과 근심을 유발했을 이런 저런 일들은 이제 우리의 관심을 끌지 못하게 된다. 왜냐하면 여러 곳에 산재하던 고통을 한 군데로 집결시킨 아주 나쁜 일 한 가지만으로도 우리의 괴로움은 견딜 수 있는 한도에 달했기 때문이다.

여기에 비견할 수 있는 또 한 가지 사실을 들어보자. 우리를 괴롭히던 심각한 근심이 다행히 해소되어 우리의 가슴이 홀가분해지면, 즉시 다른 근심이 그 자리에 들어서게 된다. 이 새로운 근심의 대상들은 전부터 있었지만, 전에는 고통이 이미 한도에 달해 있었기 때문에 걱정거리로 의식되지 않았을 뿐이다. 그것들은 시야의 가장 바깥쪽 언저리에 알아볼 수 없는 어둑한 안개처럼 서려 있었던 것이다. 그러나 일단 자리가 마련되면, 이미 들어설 태세를 갖추고 있던 이 걱정거리가 즉각 등장한다. 그리곤 지배적인 번뇌의 왕좌에 올라앉는다. 이 걱정거리가 지금은 사라진 지난번의 근심보다 본래 훨씬 수월한 것이었다 해도, 그 근심에 뒤지지 않을 정도로 심각하게 여겨질 만큼 팽창해서 최대 현안으로서의 왕위를 당당하게 차지하는 것이다.

과도한 환희와 극심한 고통은 늘 한 사람에게서 나타난다. 왜냐하면 두 가지 현상은 상호 의존적이며, 두 가지 다 원기왕성한 정신적 활력의 결과로 나타나기 때문이다.

이 두 가지는 앞서 살펴본 것처럼 현재가 아니라 미래에 대한 예견의 산물이다. 그러나 고통은 삶의 본질적 요소이며, 그 한도는 주체의 본성에 의해 결정되므로 외부 환경의 급격한 변화가 고통의 한도를 바꾸어놓을 수는 없다.

그러므로 과도한 환희나 고통의 바탕에는 항상 오해와 착각이 자리잡고 있다. 이 점에서 이 두 가지 과장된 기분은 통찰에 의해 예방될 수 있다. 모든 과도한 환희는 결코 일어날 수 없는 어떤 일이 실제 일어났다는 착각에 기인한다. 말하자면, 성가실 정도로 끊임없이 생겨나는 새로운 소망의 지속적 충족이나 새로운 근심의 지속적 해소가 가능해졌다는 믿음은 착각일 뿐이다. 이런 식의 착각들은 추후 필연적으로 철회되지 않을 수 없다. 더구나 착각에서 벗어나는 대가로 원래 착각이 가져왔던 환희만큼이나 쓰라린 고통을 지불해야 한다. 그 착각은 일단 올라가면 추락할 수밖에 없는 고지와 같아서 의당 피해야만 한다. 모든 과도한 고통은 그러한 착각의 소멸이자 그러한 고지로부터의 추락이므로 결국 착각의 산물이다.

우리가 모든 것을 전체적으로 그 상호 관계까지 두루 명료하게 파악하고, 자신이 원하던 색상으로 채색해버리지 않도록 꾸준히 조심한다면, 과도한 환희와 고통을 피할 수 있을 것이다. 그러한 착각 자체와 그 산물을 마음으로부터 제거하는 대신 확고한 평정을 부여하는 것은 스토아주의 윤리의 중요한 출발점이다. 호라티우스의 유명한 송가는 이러한 통찰로 가득하다.

"어려울 때에는 늘 평정을 잃지 않도록 하라.
행복할 때의 마음이
지나친 기쁨을 슬기롭게 다스리는 것처럼."
〔호라티우스, 〈카르미나〉, Ⅱ, 3〕

고통은 삶의 본질적 요소이다. 그러므로 고통은 우리의 외부로부터 흘러드는 것이 아니다. 누구나 고갈되지 않는 고통의 원천을 자신의 내면에 간직하고 살아가는 것이다. 그러나 대개 우리는 쓰디쓴 약과 같은 이러한 인식 앞에서 눈을 감아버린다. 심지어 우리는 우리의 잘못에 핑계를 대듯이, 우리가 결코 피할 수 없는 고통에 대해서도 외부에서 한 가지의 원인이라도 찾아내고자 한다. 그것은 마치 자유로운 자가 노예로서 주인을 모시고 싶어 우상을 생각해내는 것과 같다.

우리는 지칠 줄 모르고 끊임없이 새로운 소망을 이루기 위해 애쓴다. 원하던 소망이 이루어졌음에도 만족을 얻지 못할 때, 우리는 우리의 실수를 부끄러워하지 않는다. 우리는 다나오스의 딸들처럼 구멍 뚫린 물통에 물을 붓고 있다는 사실을 깨닫지 못하고 서둘러 새로운 소망을 향해 달려가는 것이다.

> "우리가 원하는 것이 우리에게 없는 한
> 그것은 우리에게 모든 것을 능가하는 가치를 갖지만,
> 그 소망이 이루어지면 곧 새로운 소망이 나타난다.
> 애타게 삶을 갈망하는 우리, 그 우리를 사로잡고 있는 것은 언제나 변함없는 갈증이다."
> 〔루크레티우스, 〈사물의 본성에 관하여〉〕

그리하여 우리는 대부분 무한한 과정에 발을 들여놓게 된다. 또는 강인한 성격을 지니고 있다면, 때때로 어떤 충족될 수도 없고 단념할 수도 없는 한 가지 소망에까지 이르게 된다. 그러면 우리는 매순간 우리의 고통이 우리의 본질 때문이 아니라 바로 그것 때문이라고 생각할 수 있게 된다. 그럼으로써 우리는 운명에게 작별을 고하고 우

리 자신의 현존과 화해하게 된다. 그렇지만 우리는 고통이 바로 그 현존의 본질적 요소이고 참된 만족은 불가능하다는 인식으로부터 다시 멀어지고 마는 것이다. 이 최종 단계의 결과는 정서적인 우울함이다. 즉, 항상 단 하나의 심대한 고통과 함께 살아가면서 다른 모든 자질구레한 기쁨과 슬픔을 과소평가하게 된다. 따라서 흔히 새로운 망상에 끊임없이 집착하는 범속함보다는 한결 품위 있는 태도라고 말할 수 있다.〉

삶의 원칙 6

할 수 있는 일이라면 기꺼이 하고, 견뎌야 할 일이라면 기꺼이 견뎌라.

"우리는 우리가 살고자 하는 삶이 아니라 살 수 있는 삶을 살아야 한다."〔《그리스 시인들의 격언집》, 라이프치히, 1817년〕

삶의 원칙 7

어떤 일을 시작하기 전에는 충분히 심사숙고하라. 그러나 그 일을 마치고 결과를 기다릴 때에는 위험한 가능성에 대한 같은 염려를 되풀이하며 불안해하지 말라. 그 일로부터 벗어나 그 일에 관한 생각을 떠올리지 말고, 이미 모든 것을 제때 충분히 숙고했다는 확신으로 마음을 가라앉히는 것이 좋다. 그럼에도 결과가 나쁜 것은 그 어떤 것도 우연과 실수의 손길을 벗어날 수 없기 때문이다.

삶의 원칙 8

자신의 활동 범위를 제한하면, 불행에 빼앗기는 것이 적다. 이러한 절제가 기쁨을 가져오는 것이다.

삶의 원칙 9

"현자는 쾌락이 아니라 고통 없는 상태를 추구한다."〔아리스토텔레스,《니코마코스 윤리학》〕

삶의 원칙 10

"모든 것을 너에게 복종시키고 싶거든 너 자신이 이성에 복종하라."〔세네카,《도덕 서한》〕

삶의 원칙 11

일단 불행한 일이 일어나 어찌 해볼 도리가 없을 때에는, 자식과 사별한 다윗처럼, 사로잡힌 뒤 결국 길들여지는 코끼리처럼,[13] 상황이 달라질지도 모른다는 일말의 기대조차 갖지 말아야 한다. 그러지 않으면 "〔테렌츠(로마의 극작가 : 역주)처럼〕 자기 자신을 스스로 괴롭히는 사람"이 되기 때문이다. 물론 자기 자신을 괴롭히는 것도 유익할 수는 있다. 한 번 스스로 내린 징벌을 겪어보면 다음번에는 그렇게 하지 않으려고 조심하기 때문이다.

삶의 원칙 12

신뢰에 대하여(세네카의 105번째 서한과 관련하여)

〔"눈에 띄지 않게 행동하고, 가능한 한 다른 사람들과는 적은 대화를, 자기 자신과는 많은 대화를 나누는 것만큼 유익한 것은 없다. 대화는 유혹과도 같다. 그 유혹은 몰래 숨어 들어와 살금살금 기분을 어루만지곤 술처럼, 사랑처럼 비밀의 잠긴 문을 딴다. 자신이 들은 이야기를 혼자 간직하고 있을 사람은 없으며, 자신이 들은 만큼만 이야기할 사람도 없다. 자신이 들은 이야기를 혼자 간직하지 않는 사람이 그 이야기를 들려준 사람의 이름만 혼자 간직할 리도 없다. 이야기를 하는 사람이 듣는 사람을 신뢰하는 만큼이나 듣는 사람이 신뢰하는 또 다른 사람이 있게 마련이다. 자기 자신의 간지러운 입을 다스려서 단 한 사람의 두 귀에 들려주는 것으로 만족한다 할지라도, 결국 모든 군중에게 사실을 알리는 결과를 가져온다. 그리하여 방금 전까지도 비밀이었던 이야기가 온 세상 사람들의 입에 오르내리게 되는 것이다."〕〔세네카, 《도덕 서한》〕

마음이 명랑하다면, 그처럼 자신이 명랑하게 지내도 좋은지를 굳이 따지려 하지 마라. 말하자면, 자신이 과연 명랑할 이유가 있는지 여러모로 심사숙고하지 말라.(《4절판 노트》(1826년), 108절을 보라 : 〈'명랑한 마음'만큼 확실한 보답을 주는 것은 없다. 왜냐하면 명랑한 마음은 그 자체가 하나의 보답이기 때문이다. 명랑한 마음만큼이나 얼마든지 다른 정신적 자산을 대신하고도 남을 만한 것은 없다. 어떤 사람이 부유하고 명망 있고 젊고 아름답다고 하자. 그가 얼마나 행복한가를 평가하기 위해서는 그러한 그가 과연 '명랑한가'를 따져봐야 할 것이다. 그러나 반대로 어떤 사람이 명랑하다면, 그가 젊은 사람인지 늙은 사람인지, 가난한지 부유한지 따질 필요가 없다. 그는 행복한 것이다. 그러므로 명랑함이 우리를 찾아오려 한다면, 우리는 언제든 대문을 활짝 열어 맞이해야 한다.

종종 우리는 명랑함의 방문을 허용해도 좋을지를 심사숙고하곤 한다. 그러나 우리가 받아들이기 곤란할 때 명랑함이 찾아오는 법은 결코 없다. 우리는 명랑해지기 전에 우선 명랑해도 괜찮은지부터 깊이 생각해보려 한다. 또한 명랑함으로 인해 진지한 숙고나 무거운 근심에 대한 우리의 집중력이 흐트러지지 않을까 조심하려 한다. 그러나 그렇게 행동함으로써 무엇을 더 얻을 수 있을지는 분명하지 않다.

반면에 명랑한 마음은 가장 확실한 소득이다. 또한 명랑함은 오직 현재를 위해서만 가치가 있다. 따라서 명랑함은 현재를 과거와 미래라는 두 가지 무한한 시간으로 나누어버리지 않는 사람에게는 최고의 자산이다. 명랑한 마음은 무엇을 주고라도 얻을 가치가 있는 자산이며, 동시에 무엇과도 바꿀 수 없는 자산이다. 우리는 다른 어떤 종류의 자산보다도 이 자산을 먼저 획득하겠다는 마음을 지녀야 한다.

분명한 사실은 우리가 명랑해지는 데 도움이 되는 것들 중에 외적인 행복만큼 보잘것없는 것도 없고, '건강'만큼 소중한 것도 없다는 점이다. 그러므로 우리는 무엇보다 건강을 가장 중시해야 한다. 뿐만 아니라 '완벽한 고도의' 건강을 유지하기 위해 노력해야 한다. 그러한 건강의 토양에서 거두어지는 열매가 바로 명랑한 마음이다. 격심하거나 불쾌한 정서적 동요, 심대하고 지속적인 정신적 긴

장을 겪는 모든 사람들은 열린 공간에서 빠른 동작으로 매일 최소한 두 시간씩 운동을 해야 한다.〉[14])

삶의 지혜는 대부분 현재와 미래에 대한 주의와 관심의 적절한 균형 상태에서 얻어진다. 많은 사람들은 지나치게 현재 속에 파묻혀 지낸다(경박한 사람들). 그 밖의 사람들은 지나치게 미래에 매달려 살아간다(불안과 근심에 시달리는 사람들). 그 사이에서 균형을 유지하는 사람들은 드물다. 끊임없이 무엇인가를 지향하며 미래 속에 사는 사람들은 늘 앞만 보고 살아간다. 그들은 장차 진정한 행복을 처음으로 가져다줄 무엇인가를 향해 조마조마한 심정으로 서둘러 달려간다.

그들은 현재를 즐기지 않는다. 현재는 그들의 관심을 끌지 못한 채 그들 곁을 지나쳐 흘러간다. 그들은 티슈바인의 그림에 나오는 이탈리아의 당나귀와 같다. 그 당나귀 앞에는 밧줄로 매단 건초 묶음이 드리워져 있어서 당나귀의 걸음을 재촉한다. 이처럼 그들은 죽을 때까지 줄곧 '잠정적'인 상태로만 살아간다.

현재의 평온함이 불확실한 불행, 또는 확실하지만 언제 닥칠지 모르는 불행에 의해 깨트려져서는 안 된다. 틀림

없이 겪게 될 불행 그리고 언제 겪을 것인지도 분명한 불행은 극히 적다. 불행은 대부분 가능성으로만 존재한다. 아마도 그렇게 되기 쉬우리라고 생각될 뿐이다. 틀림없이 겪을 수밖에 없는 나쁜 일들도 있기는 하다. 이를테면 죽음은 피할 수 없다. 하지만 그런 일들도 언제 일어날 것인지는 전혀 확실하지 않다.

　우리가 이와 같은 일들로 인해 동요한다면, 우리는 잠시도 평온한 순간을 갖지 못할 것이다. 발생 자체가 불확실하거나 발생 시점이 불분명한 불행 때문에 평생 마음의 평화를 잃는 일은 없어야 한다. 이를 위해 우리는 그런 불행이 결코 일어나지 않을 것이라거나 적어도 지금 일어날 리는 없다고 생각하는 데 익숙해질 필요가 있다.

　삶의 온갖 풍상을 겪으면서도 초연함을 잃지 않는 어떤 사람이 있다고 하자. 여기에서 알 수 있는 것은 단 한 가지뿐이다. 즉, 그 사람은 살아가면서 겪을 수 있는 재앙들이 얼마나 엄청난 것이고 천태만상인지를 잘 알고 있다. 그는 현재의 불행이 그 중 아주 작은 일부에 불과하다고 생각한다. 뒤집어 말하자면, 이 사실을 깊이 헤아리는 사람은 언제나 초연할 수 있다. 《끝이 좋으면 다 좋은 것》의 258쪽[15]과 삶의 원칙 19를 보라.

〈우리 모두는 이상향에서 태어났다. 말하자면 세상에 태어날 때 우리에게는 갖가지 행복과 즐거움을 누려보고자 하는 마음이 가득하다는 것이다. 그리고 운명이 투박한 손으로 우리를 낚아챌 때까지, 실제로 그 뜻을 이루어보겠다는 어리석은 희망을 간직한 채 살아간다. 하지만 이윽고 운명은 우리가 가진 모든 것이 사실은 우리 것이 아니라 자기 것이라는 사실을 알려준다. 운명은 우리의 모든 재산과 소득, 팔과 다리와 눈과 귀, 심지어 얼굴 한복판의 코에 대한 권리까지 갖고 있다. 운명의 권리 행사에 대해서는 아무도 이의를 제기하지 못한다.

그때 비로소 경험이 우리를 찾아온다. 그리하여 행복과 즐거움이란, 환상이 조화를 부려 아득한 곳에 떠올린 허상일 뿐이라고 깨우쳐준다. 반대로 번민과 고통은 실재하는 것이며, 환상이나 갈망 없이 출현한다는 사실도 깨우쳐준다. 그 깨우침이 결실을 거두면, 우리는 더 이상 행복과 즐거움을 찾으려 하지 않는다. 오직 어떻게 하면 고통과 번민을 피할 수 있을까를 염두에 둔다. "현자는 쾌락이 아니라 고통 없는 상태를 추구한다."〔아리스토텔레스, 《니코마코스 윤리학》〕 우리는 고통 없고 평온한 현재, 견디고 살 수 있을 만한 현재가 세상에서 얻을 수 있는 최선의 것임을 깨닫게 된다. 그러므로 우리의 현재가 그처럼 평온하게 되면, 그런 상태의 가치를 인정하게 된다. 우리는 상상 속의 즐거움만을 끊임없이 동경하게 될까 봐 조심한다. 또한 운명에 의해 좌지우지되는 전혀 예측할 수 없는 미래 때문에 불안스러이 근심하다가 현재를 망쳐버리지 않도록 주의한다.〉[16)]

〈모든 '행복'과 '향락'이 '부정적'인 속성을 지니고 있는 반면, 고통은 '긍정적'인 속성을 지니고 있기 때문에, 삶이란 누리기 위해 있는 것이 아니다. 삶이란 행하고 경험하기 위해 있는 것이므로 그렇게 살아야 한다. 지나친 육체적·정신적 고통 없이 살아간다는 것이야말로 가장 큰 행운이다. 가장 큰 행운이 가장 큰 기쁨과 즐거움을 뜻하는 것은 아니다. 기쁨과 즐거움에 따라 삶의 행복을 평가하려 드는 사람은 전적으로 잘못된 기준을 적용하고 있는 것이다. 기쁨이란 부정적인 것이다. 기쁨이 행복을 가져다줄 수 있다는 생각은 시기심이 길러낸 망상에 불과하기 때문이다. 기쁨은 긍정적인 것으로 지각될 수 없으므로, 고통이야말로 삶의 행복을 가늠하는 척도이다. 즉, 고통이 없다면 행복한 것이다. 따라서 이 점에 비추어보면, 고통을 겪는 대가로 즐거움을 누리면 안 된다고 할 수 있다. 고통을 겪은 후 즐거움을 누리든, 즐거움을 누린 후 고통을 겪든, 결국 부정적이고 헛된 것을 얻는 대신 긍정적이고 현실적인 것을 지불하기 때문이다.

반대로 즐거움을 희생함으로써 고통으로부터 해방될 수 있다면 그렇게 해야 한다. 삶의 가치가 즐거움에 있다는 생각, 그리고 기쁨과 재물이 긍정적인 의미로 우리를 행복하게 해줄 수 있다는 생각은 가장 심각한 망상이다. 어린 시절 우리를 사로잡는 이 망상으로부터 우리는 뒤늦게야 벗어나게 된다. 다시 말해서 우리는 너무 늦게 찾아오는 각성의 순간까지 그러한 기쁨과 재물을 얻고자 노력한다. 실제로 존재하지도 않는 행복과 즐거움을 찾아 정신없이 달려가지만, 결국 우리가 만나는 것은 실제로 존재하는 것들, 즉 괴로움과 번민, 질병과 근심, 그 밖에 헤아릴 수 없이 다양한 고통들이다. 만약 우리가 긍정적인 재화란 환영에 불과하고 긍정적 의미의 고통만이 실재한다는 사실을 일찍 깨달았다면, 오직 고통을 멀리 우회하기 위해서 노력했을 것이다.

　　(그렇다면 가시에 찔릴 수 있다는 이유로
　　장미를 전혀 꺾지 말아야 할 것인가?)

　아리스토텔레스의 말에는 냉소주의의 기본 사상까지도 함축되어 있다. 쾌락에는 조만간 고통이 따르는 법이라고 생각하지 않았다면, 냉소주의자들이 왜 일체의 쾌락을 배척하게 되었겠는가? 그들은 쾌락을 누리는 것보다 고통을 피하는 것이 훨씬 더 중요하다고 생각했다. 그들은 쾌락의 부정성과 고통의 긍정성에 관한 일순간의 통찰에 깊이 사로잡혔다. 그리하여 시종일관 일체의 쾌락을 의도적으로 배척하면서 오로지 고통에서 벗어나고자 총력을 기울이기에 이르렀다. 모든 쾌락은 그들을 고통에 빠뜨리는 함정일 뿐이라고 여겼던 것이다.[17]

덧붙여 말하자면, 인간의 삶은 두 가지의 중요한 측면을 갖고 있다. 하나는 '주관적·내적' 측면이고, 다른 하나는 '객관적·외적' 측면이다. 행복과 고통, 기쁨과 슬픔은 '주관적·내적' 측면에 해당된다. 그 가운데 우리는 어느 쪽을 택해야 할 것인가? 그 대답은 전술한 바와 같다. 즉, 가능한 한 고통을 겪는 횟수와 고통의 정도를 경감시키는 것이 최선이다. 따라서 이것은 수동적인 측면이다.

'객관적·외적' 측면이란 곧 우리 삶이 그려내는 역정이며, 우리의 역할을 수행하는 방식이다. 다시 말해 멋진 인생과 못난 인생의 문제이다. 미덕과 영웅성 그리고 정신적인 성취가 여기에 속한다. 이것은 적극적인 측면이다. 또한 이 측면에서 나타나는 사람들 간의 차이는 '주관적·내적' 측면에서의 차이와 비할 수 없을 정도로 심대하다. '주관적·내적' 측면에서의 차이는 단 한 가지, 즉 사람들의 고통이 서로 약간 더 크고 작은 차이일 뿐이다. 그러므로 대부분의 사람들은 삶의 주관적 측면("기분 좋은 삶")에 중점을 두지만, 사실은 객관적 측면("멋진 삶")을 주로 염두에 두어야 한다.

그리스인들은 미덕을 가리켜 멋있어 보이는 것, 즉 삶의 아름다움이라고 불렀다. 우리의 행위는 외부로 표현되는 객관적 측면의 것이기 때문이다. 사람들 간의 차이는 오직 이 객관적 측면에서만 두드러지게 나타난다. 따라서 이 측면에서는 첫째 가는 사람이라 해도 주관적 측면에서 보자면 다른 사람들과 별로 다르지 않다. 다른 사람들과 마찬가지로 그에게도 긍정적인 행복이란 없으며, 긍정적인 고통만이 있을 뿐이다.

"그대가 바라보고 있는 월계관은
행복의 표식이라기보다는 고통의 표식이다."
〔괴테, 《타소》〕

　행복과 고통 그리고 희망과 두려움을 좌우하는 모든 것에 대해 환상을 갖지 말아야 한다. 환상 속에서 어떤 행운과 그 뒷일을 생생하게 그려본다면, 현실은 한층 더 즐겁지 못하다. 그것은 허공에 지어올리는 누각과 같아서 훗날의 실망으로 인해 값비싼 대가를 치러야 한다. 그러나 어떤 불행한 사태를 마음속에 그려보는 일은 한층 더 나쁜 결과를 초래한다. 그라시안이 말한 것처럼,[18] 이럴 때의 환상은 우리를 처형하는 흉악한 사형집행인이 될 수 있다. 다시 말해 음울한 환상은 그 주제를 아주 먼 곳에서 취하고 전적으로 자유롭게 고를 때에만 해롭지 않다. 꿈에서 깨어나자마자 모든 것이 허구임을 알게 될 것이기 때문이다. 또한 이런 식의 부담 없는 환상은 가능한 불행에 대한 경각심을 일깨울 수도 있다. 그러나 이처럼 유용할 수 있다 할지라도, 우리의 환상은 늘 그러한 주제만을 다루도록 길들여져 있지 않다.

　우선 환상은 아무 쓸모 없이 화사한 누각들만을 허공에 쌓아올리곤 한다. 그러다가 실제로 어떤 불행이 우리를 위협하기 시작하면, 환상은 종종 그 불행을 생생하게 그려내는 데 몰두하곤 한다. 그 과정에서 환상은 불행을 실제보다 끊임없이 팽창시키고 더 가까이 끌어당기며 더 끔찍한 것으로 만든다. 그러한 꿈은 밝은 꿈과 달리 우리가 깨어날 때 머리를 흔들어 떨쳐버릴 수 없다.

밝은 꿈은 현실에 의해 부인된다. 그 가운데 가능한 것이 있다 할지라도 우리는 그것을 운명에 맡긴다. 그러나 음울한 환상에서 깨어날 때에는 그렇지 않다. 우리에게는 그 환상이 어느 정도 가능한지를 잴 수 있는 잣대가 없다. 우리는 그것을 우리에게 가까운 곳으로 끌어온다. 그것은 우리 바로 앞에 자리잡고 있다. 그것의 일반적인 가능성은 확고하다. 그리하여 그 가능성은 우리에게 개연성이 되고, 마침내 우리는 크나큰 불안에 시달리는 것이다. 우리의 행복과 고통을 좌우하는 일이라면, 건조하고 냉정하게 심사숙고해야 한다. 오직 개념적으로, 또 '추상적'으로 판단해야 한다.

행복과 고통을 좌우하는 일에 환상이 접근하게 해서는 안 된다. 왜냐하면 환상은 판단을 내릴 수 없기 때문이다. 환상은 우리 앞에 하나의 형상을 드리운다. 그리고 이 형상은 우리의 기분을 한층 더 무익한 쪽으로, 동시에 대개

무척 고통스러운 방향으로 밀고 간다. 그러므로 환상을
억제하라.

삶의 원칙 19[19)]

어떤 일이든 소리 높여 환호하거나 깊게 한탄하며 맞이할 일이 아니다. 모든 것은 무상하며, 상황은 매순간 전혀 다른 방향으로 흐를 수 있기 때문이다.[20)] 언제나 되도록 명랑한 마음으로 현재를 즐기는 것이 좋다. 이것이 곧 삶의 지혜다. 그럼에도 우리는 대개 반대로 행동한다. 우리는 미래를 위한 계획과 근심 또는 과거를 향한 그리움에 끝없이 사로잡힌다. 그래서 현재는 대개 주목받지 못한 채 경시된다.

확실한 것은 분명 현재뿐이다. 이에 비해 실제로 미래와 과거는 우리가 생각하는 것과는 대개 다르다. 그래서 우리는 평생 우리 자신에게 속고 사는 것이다. 행복을 위해서는 제법 진지한 철학적 진실이 유용하다. 즉, 미래를 위한 근심은 종종 무익하고, 과거를 향한 그리움은 항상 무익하다. 따라서 행복의 현장은 오직 현재뿐이다. 그럼에도 이 현재는 매순간 과거가 되고, 마치 아무 일도 없었던 것처럼 무의미해진다. 그렇다면 우리의 행복이 머무르는 지점은 어디인가?[21)]

말이나 표정으로 분노와 증오를 나타내는 것은 무익하고 위험하고 분별없고 조야하고 어리석은 일이다. 분노와 증오는 오직 행동으로 보여야 한다. 말이나 표정으로 나타내는 일을 삼갈수록, 더욱 완벽하게 행동으로 보일 수 있을 것이다.

우리가 살아가며 겪는 일들은 잘게 찢겨진 조각들이다. 그 조각들은 상호 관련 없이 날카로운 대조를 이루고 있다. 그것들은 우리가 겪어야 할 일이라는 점 이외에는 어떤 공통점도 없이 등장하여 뒤죽박죽 진행된다. 그러므로 여기에 걸맞게 그것들에 대한 우리의 생각과 염려도 단편적이어야 한다. 즉, 우리는 외면할 수 있어야 한다. 우리가 어떤 한 가지 일을 겪고 있다면, 다른 모든 일들에는 개의치 말고 오직 그 한 가지 일에 대해 숙고하고 걱정하고 만끽하고 또 참아낼 수 있어야 한다. 마치 우리의 사유에 서랍들이 달려 있어서, 하나를 열 때에는 다른 것을 모두 닫아놓는 식이어야 한다. 이렇게 하면, 아무리 큰 걱정거리라도 현재의 작은 즐거움을 무너뜨리거나 휴식을 방해하지 못할 것이다. 한 가지 생각이 다른 생각들을 짓누르는 일도 없을 것이다. 이를테면 매순간 필요한 온갖 자질구레한 염려들을 한 가지 큰 근심이 저해하는 일도 없을 것이다.

이를 위해서는 본래 여러모로 유용한 '자기 억제'를 활용해야 한다. 다음과 같은 생각은 우리가 우리 자신을 억제하는 데 도움이 된다. 즉, 모든 사람은 외부로부터 오는 다양하고 강력한 강제를 감수해야 한다. 다양한 강제와 억압이 없는 삶은 있을 수 없다. 그러나 자기 자신을 적시에 약간만 억제한다면, 나중에 겪어야 할 많은 외적 강제들을 예방할 수 있다. 이것은 원의 중심부에 있는 작은 영역들이 원주에 접한 수백 배 더 넓은 영역들에 각각 대응하면서 동등한 값어치를 지니는 것과 같다.[22] 자기 억제만큼 외부로부터의 강제를 효과적으로 피하게 해주는 것은 아무것도 없다. 그러므로 "모든 것을 너에게 복종시키고 싶거든 너 자신이 이성에 복종하라."〔세네카,《도덕 서한》〕

  우리는 우리 자신을 억제하는 도중에도 항상 이 자기 억제를 제어할 수 있다. 그래서 극단적인 경우 또는 우리 본성의 가장 민감한 부분에 저촉되는 경우 자기 억제를 중단할 수 있다. 그러나 외부의 강제는 냉혹하고 가차없고 무자비하다. 그러므로 자기 억제를 통해 외부의 강제를 예방할 수 있다는 것은 유쾌한 일이다.

삶의 원칙 22[23)]

행복론의 첫 번째 명제[24)]는 완곡한 표현을 사용하고 있다. 이 명제에 따르면, '행복한 삶'이란 결국 조금이나마 덜 불행한 삶이나 '그럭저럭 견딜 만한 삶'을 의미할 뿐이다. 그리고 이것이 전하는 '참된 삶의 지혜'는 요컨대 아래와 같이 표현할 수 있다. 즉, 우리는 삶의 즐거움이나 편안함에 연연하지 말고, 되도록 수많은 불행과 재앙을 피하는 일에 진력해야 한다. 이것이 잘못이라면, "행복은 망상에 불과하며, 실재하는 것은 고통"[25)]이라고 말한 볼테르 역시 틀렸다고 할 수밖에 없다. 그러나 그는 사실대로 말했을 뿐이다. 이 사실에 대한 무지에서 숱한 불행이 빚어지는데도 낙관론은 그 무지를 옹호한다.

이를테면 소년들은 이 세계가 곧 행복의 거처이고, 세계는 즐거움을 누리기 위해 있다고 믿는다. 또한 운명적으로 복이 없는 사람들만이 불행하다고 믿는다. 이러한 믿음은 소설이나 시를 읽으면서, 또 위선적인 언동을 대하면서 확고해진다. 그리고 이 세계의 표면적인 가상은 도처에서 대대적으로 그 위선을 부추기는 것이다.[26)]

그래서 소년들의 삶은 (종종 심사숙고하면서) 긍정적 행복이란 목표물을 추적하는 일종의 수렵 활동이 된다. 그들은 그 긍정적인 행복이 당연히 긍정적인 즐거움들로 이루어져 있을 거라고 믿는다. 그리고 도중에 불행의 함정에 빠질지라도 마땅히 감수해야 한다고 생각한다. 결국 긍정적인 행복과 즐거움에 대한 열망으로 인해 삶 자체가 무시되는 것이다. 이처럼 실존하지 않는 야생 동물을 포획하려는 수렵 행위는 그들을 현실적인 불행으로 이끌게 마련이다.

삶의 지혜는 이와 반대되는 행로를 밟게 한다. 즉, 온갖 행복과 즐거움이 본질적으로 부정적인 반면, 고통과 결핍은 현실적이고 긍정적이라는 확신에서 출발한다. 그럼으로써 무엇인가를 달성할 수 있게 되는 것이다. 긍정적 행복이라는 허상에 미혹되어 방황하지 않는 한, 어느 정도 성과를 거둘 수 있으리라는 것은 확실하다.

《친화력》에 등장하는 중매인의 좌우명에서도 이 점을 확인할 수 있다.[27] 어리석은 사람은 삶의 즐거움을 향해 달려가지만 결국 자신이 기만당했음을 알게 된다. 그가 멀리 벗어났다고 생각했던 재앙들이 여전히 버티고 있을 뿐만 아니라 지나치게 미리부터 불행을 피하고자 불필요

하게 여러 가지 즐거움까지 포기했기 때문이다. 하지만
아무것도 잃어버린 것은 없다. 모든 즐거움은 원래 허황
된 것이기 때문이다. 아울러 놓쳐버린 즐거움으로 인해
비탄에 잠기는 것은 소심하고 우스운 행동일 것이기 때문
이다.[28]

플라우투스는 말했다.

"인간의 삶은 주사위 놀이와 같다. 주사위 수는 원하는 대로 나오지 않는다. 우연이 가져다주는 것으로 더 나은 결과를 만들어내야 한다. 그것이 기술이다."〔이 말을 한 사람은 플라우투스가 아니라 테렌츠로 추정된다.《형제들》, 4막 7장〕

이와 유사하게 비유하자면, 삶은 체스와 같다고 할 수 있다. 삶에서나 체스에서나 우리는 무엇인가를 계획한다. 하지만 이 계획은 전적으로 체스를 두는 상대방이나 삶의 운명이 원하는 진행에 의해 좌우된다. 애초의 계획은 대부분 심하게 변형되기 때문에, 실제 실행된 결과의 몇 가지 특징에서 계획의 원형을 읽어내기란 거의 불가능하다.[29]

삶의 원칙 24
나이에 관하여[30]

〈 '인생의 전반기'는 인생의 후반기에 비하면 많은 장점을 지니고 있다. 그럼에도 이 전반기를 불행하게 만드는 것이 있다. 언젠가는 반드시 행복하게 될 거라는 전제하에 행복을 추구하는 것이 바로 그것이다. 이런 삶이 만들어내는 것은 지속적으로 기만당하는 희망과 불만이다. 우리가 꿈꾸는 불확실한 행복의 기만적 형상들은 우리가 멋대로 골라서 덧씌운 이런 저런 외양을 하고 우리 눈앞에 어른거린다. 그리고 우리는 헛되이 그 원형을 찾아 헤매는 것이다.[31]

'인생의 후반기'에는 그때까지 한 번도 충족된 적이 없는 행복에 대한 동경이 사라지는 대신 불행에 대한 우려가 등장한다. 그런데 불행을 피하기 위한 방안을 찾는 것은 객관적으로 가능하다. 그러므로 마침내 우리는 전반기 내내 시달리던 지병, 즉 행복에 대한 전제로부터 치유된다. 이제는 되도록 덜 고통스럽고 평온한 삶을 추구할 뿐이다. 이것은 어느 정도 이루어질 수 있는 것에 대한 열망이다. 그러므로 우리는 전반기보다 확실히 더 만족스러운 상태에 이를 수 있다. 그리고 이러한 만족은 인생 후반기의 부족함과 아쉬움을 메워주고도 남을 만큼 넉넉하다.[32]〉

재산, 건강, 친구, 연인, 아내와 자식, 그 밖에 무엇이든
지니고 있던 어떤 것을 만약 빼앗기게 된다면, 그때 우리
는 그것을 어떤 눈으로 바라보게 될 것인가? 우리는 현재
지니고 있는 것들을 바로 그런 눈으로 바라볼 수 있어야
만 한다. 왜냐하면 우리는 대개 뭔가를 잃어버리고 난 뒤
에야 그 가치를 깨닫기 때문이다. 만약 우리가 그런 눈으
로 바라볼 수 있게 된다면, 우선 우리가 지닌 것들로 인해
서 행복해질 것이다. 다음으로 우리는 온갖 노력을 기울
여서 상실이라는 불행을 예방하게 될 것이다. 재산을 위
태롭게 만들지 않을 것이고, 친구들에게 노여움을 사지
않을 것이다. 아내의 신뢰를 시험해보지 않을 것이고, 아
이들의 건강을 보살필 것이다. 우리는 우리가 갖지 못한
것들을 바라볼 때마다 "만약 저것이 내 것이라면 어떻게
될까?"를 생각하곤 한다. 그럼으로써 자신의 결핍을 아쉬
워한다. 하지만 그런 생각 대신 우리는 우리가 지닌 것들
을 바라보면서 "만약 이것들을 잃어버린다면 어떻게 될
까?"를 생각해야 한다.[33]

소망에 목표를 설정해주고, 욕구에 고삐를 매고, 분노를 길들이도록 하라. 소망할 가치가 있는 모든 것들 중에서 인간이 얻을 수 있는 것은 극히 적은 일부이다. 반면 피할 수 없는 재앙은 대단히 많다. 이 사실을 가슴에 새기도록 하라. 그럼으로써 우리는 "견뎌내고 체념하게"[34] 될 것이다. 그렇지 않으면, 아무리 막대한 부와 막강한 권력을 움켜쥐고 있다 할지라도 우리는 우리 자신이 빈곤하다고 생각할 것이다.

"너는 일을 하는 틈틈이 책을 읽고 현자들에게 물어라,
경박한 네가 어떻게 삶을 이끌어가면 좋을지를,
그리하여 빈곤한 사람들을 늘 고통스럽게 하는 욕구도,
두려움과 거의 쓸모 없는 것들에 대한 염원도 없도록."
〔호라티우스, 《서한집》〕

우리보다 한결 낫다고 여겨지는 사람들보다는 우리보다 더 심한 곤경에 처해 있는 사람들을 바라보아라. 우리의 불행에 대한 가장 효과적인 위안은 다른 사람들의 훨씬 더 큰 고통을 바라보는 것이다. 그 다음은 우리와 같은 처지에 있는 사람들, 즉 고통의 동지들과 마음을 나누는 일이다.[35]

삶의 원칙 28
나이에 관하여

사람들은 기쁨이 없는 노년의 삶을 동정한다. 그리고 노인이 많은 즐거움들을 누리지 못한다 하여 안타깝게 생각한다. 그러나 이것은 부당한 연민이다. 모든 즐거움은 상대적이기 때문이다. 즉, 즐거움이란 욕구를 진정시키는 단순한 만족이다. 욕구가 없어지면 즐거움도 사라지는 것이다. 이것은 식사를 마친 후 더 이상 먹을 수 없거나, 잠을 푹 잔 다음 더 이상 잠을 잘 수 없다고 해서 안타까울 게 없는 것과 같다. 플라톤은 노년 생활에 대해 여인에 대한 욕구가 마침내 잠잠해진다는 점에서 행복하다고 말했다.〔국가론, 제1권〕 이 지적은 매우 타당하다. 노년의 주된 욕구는 편의와 안정에 대한 욕구이다. 그래서 노인들은 무엇보다 돈을 좋아한다. 돈은 부족한 힘을 보상해준다. 다음으로, 사랑의 기쁨을 대신하는 것은 식사의 기쁨이다. 보고 싶은 욕구, 여행하고 싶은 욕구, 배우고 싶은 욕구가 자리잡고 있던 곳에는 가르치고 싶은 욕구와 말하고 싶은 욕구가 들어선다. 그러나 만약 노년이 되어서도 연

구에 대한 사랑, 음악에 대한 사랑, 연극에 대한 사랑이 남아 있다면, 이것은 또 하나의 행복이다.[36]

삶의 원칙 29

에피쿠로스의 명제 :

〈"자연스러운 부(富)는 쉽게 얻을 수 있다. 여기에는 한
도가 있다. 무가치한 생각에 속아넘어간 부는 산산조각나
흩어진다."〉(디오게네스 라에르티오스, 《삶의 철학》 제10권)

〈"필요한 것들 가운데 몇 가지는 당연히 필요한 동시에
꼭 필요하다. 다른 몇 가지는 당연히 필요하지만 꼭 필요
한 것은 아니다. 나머지 것들은 당연히 필요하지도 꼭 필
요하지도 않다."〉(디오게네스 라에르티오스, 《삶의 철학》 제
10권)

활동한다는 것, 즉 무엇인가를 추진하거나 적어도 무엇인가를 배운다는 것은 행복의 필수 조건이다. 인간은 자신의 힘을 활동에 투입하고자 한다. 그리고 이 활동의 성공을 어떤 식으로든 확인하고자 한다(그럼으로써 자기의 욕구가 자신의 힘으로 충족될 수 있다는 점이 입증되기 때문일 것이다). 이런 이유로 장기간 즐거움을 찾아 여행하는 사람은 때때로 자신이 몹시 불행하다고 느끼는 것이다. 스스로 힘들게 노력하고 저항에 맞서 싸우는 것은 인간 본성의 가장 본질적인 욕구이다. 만약 무엇인가를 조용하게 즐기고 있을 때라면 움직이지 않고 가만히 있는 것만으로도 만족할지 모른다. 그러나 사실 인간에게 가만히 있기란 거의 불가능하다. 나아가서 장애를 극복한다는 것은 인간 현존의 가장 큰 즐거움이다. 인간에게 그보다 나은 것은 없다. 어떤 행동이나 활동을 할 때 봉착하는 순수 물질적인 장애라도 좋고, 무엇인가를 배우거나 연구할 때 직면하는 정신적인 장애라도 좋다. 장애와의 투쟁과 극복은 무엇에도 비할 수 없는 즐거움인 것이다. 장애와 맞설 기회를 얻지 못하면, 인간은 자기가 할 수 있는 방식으로 그 기회를 스스로 마련한다. 그럴 때면 무의식 중에 인간의 본성은 싸움을 걸거나 음모를 꾀하거나 사기를 치거나 다른 나쁜 일을 하도록 인간을 충동질한다. 어떤 장애를 자초하는가는 그때 그때 상황에 따라 다르다. 빌보케 놀이도 한 가지 예가 된다.[37]

삶의 원칙 31[38)]

무엇인가를 위해 노력할 때, 그 행로를 이끌어주는 지향점은 '상상된 형상'이 아닌 '개념'이어야 한다. 그러나 대체로 현실은 그렇지 못하다. 특히 소년 시절에 행복이란 목표는 몇 가지 형상의 조합으로 고정된다. 그 모습은 우리의 눈앞에서 어른거리며 종종 반평생쯤, 심지어 일생 동안 지속된다. 그러나 그 모습은 사실 우리를 우롱하는 환영일 뿐이다. 우리가 그것이 있는 곳에 도달하는 순간, 그것은 무의미함 속으로 사라져버리기 때문이다.

우리는 그것이 자기의 약속 따위에 아랑곳하지 않는다는 것을 알게 된다. 가정 생활, 도시 생활, 전원 생활 또는 주거 환경, 주변 환경 등등 어느 것에 관한 형상이든지 그런 식의 환영에 불과하다. "모든 어릿광대는 각자 자기만의 지팡이를 갖고 있다."(궁중 어릿광대의 지팡이는 꼭대기에 두건을 씌운 머리가 있고 여러 개의 방울이 달려 있는데, 광기의 상징이기도 하다 : 역주)

연인의 형상도 곧잘 그런 환영들 중 하나가 되곤 한다. 왜냐하면 직관적인 것은 본래 직접적으로 얻어질 뿐만 아니라, 개념보다 더 직접적으로 우리의 의지에 영향을 미치기 때문이다. 개념은 추상적인 생각으로 개별적·세부적이 아닌 보편적인 것만을 제공해준다. 또한 개념은 의지와도 간접적인 관계만 맺고 있다. 반면에 개념은 약속을 지킨다. 개념은 변함없이 우리를 인도하고 영향을 미친다. 물론 개념도 언제나 몇 가지 형상에 의해 해석되고 설명될 필요는 있을 것이다.

적어도 행복의 9할은 건강에서 온다. 왜냐하면 무엇보다 명랑한 기분은 건강 여부에 달려 있기 때문이다. 예를 들어 무척 행복한 일이 있어도 병이 들어서 짜증나거나 근심스러운 경우와 몹시 형편이 나쁘고 불리한 상황에 처해 있어도 몸이 건강한 경우를 비교하면 후자가 더 낫다. 똑같은 일도 몸이 건강하고 마음이 명랑한가, 아니면 병고에 시달리고 있는가에 따라 달리 보인다는 점을 생각해 보라. 어떤 일이 외적인 경험의 맥락상 실제로 무엇이든 간에 우리가 그 일을 어떻게 받아들이느냐에 따라 우리는 행복해지기도 하고 불행해지기도 한다. 그러므로 건강과 명랑함을 얻기 위해서라면 어떤 대가를 치러도 좋지만, 반대로 이것들을 대가로 얻을 만한 것은 아무것도 없다. 요컨대 건강과 명랑함이 없다면 바깥에서 찾아오는 어떤 행복도 즐겁게 누릴 수 없다. 아무리 값진 것을 갖고 있어도 병자에게는 무의미하다. 그러나 건강한 사람에게는 모든 것이 즐거움의 원천이다. 그래서 병든 황제보다는 건강한 거지가 행복한 것이다. 사람들이 언제나 서로의 건강 상태를 물어보고 서로 건강하기를 소망하는 데에는 그럴 만한 이유가 있다. 바로 건강이 모든 행복의 9할을 차지하기 때문이다.

따라서 무엇인가를 위해 건강을 제물로 바친다는 것은 온갖 바보짓 중에서도 가장 어리석은 행동일 것이다. 관능과 일시적 향락을 위해서라면 더 말할 나위도 없지만, 돈벌이 · 학식 · 명예 · 승진 등 그 무엇을 위한 것이라 해도 마찬가지다. 오히려 항상 건강을 모든 것에 앞서 고려해야 한다.[39]

삶의 원칙 33[40]

현재 눈앞의 상황에서 직관적으로 얻어지는 인상에 지배되지 말고 스스로 그 인상을 지배해야 한다. 그런 인상은 비할 수 없이 강력한 힘으로 순수한 생각이나 지식을 제압한다. 인상의 이러한 위력은 그 소재와 내용 때문이 아니다. 소재나 내용은 종종 아주 사소한 것에 불과하다. 인상의 힘은 그 형식, 즉 직관성과 직접성에서 온다. 바로 이 형식을 통해 인상은 우리의 정서에 끈질기게 달라붙어 휴식을 방해하거나 심지어 이미 결심했던 것조차 동요시키기도 한다.

그래서 우리는 무엇인가에 대해 심사숙고할 가치가 없다고 판단했다가도 눈으로 보아 호감이 가면 매혹되고 만다. 그래서 우리는 이미 무가치함을 알고 있는 판단 때문에 괴로워하고, 무시해도 좋은 것임을 통찰하고 있는 모욕 때문에 노여움을 느낀다. 그리하여 우리가 어떤 위험을 너끈히 막아낼 만큼 든든한 방어벽을 구축해두었다 할지라도, 이 방어벽은 그 위험의 정체에 관한 그릇된 가상에 의해 무너지고 만다.

여자들은 이런 식의 인상에 대개 굴복한다. 남자들도 그런 인상의 영향으로 괴로움을 겪지 않을 만큼 이성의 우위를 확보하고 있는 사람은 적다. 우리가 순수한 사고력을 가동하여 그런 인상을 완전히 제압할 수 없을 때에는, 그것과 대립되는 인상을 끌어들여 중화시키는 것이 최선이다. 예를 들어 모욕을 받았을 때에는 우리를 과대평가하는 사람에게 가는 것이 좋다.[41] 또한 위험이 닥칠 듯한 인상을 받았을 때에는 평온한 모습을 집중적으로 관찰하는 것이 좋다. 만약 우리를 둘러싸고 있는 사람들 모두가 우리와 다른 생각을 갖고 있다면, 아무리 그들의 생각이 틀렸다고 확신한다 할지라도 전혀 동요하지 않고 행동하기가 어렵다. 왜냐하면 현존하는 것 또 직관적인 것은 흔히 대단치 않게 생각되지만, 실제로는 늘 막강한 힘을 발휘하기 때문이다. 반면 사유와 논리적인 근거들은 곰곰이 생각에 잠길 수 있는 시간과 안정된 상태를 요구하기 때문에, 수시로 즉각 떠올려 효과를 나타내게 할 수 없다. 이를테면 적의 추격을 받으며 달아나고 있는 왕의 원기 회복을 위해서는 왕과 왕의 심복 둘만 있을 때 심복이 왕에게 복종을 표현하는 예전 절차가 거의 필수적이다. 그럼으로써 왕은 자기가 왕이라는 것을 의심하는 지경에 이르지 않는 것이다.

결론적으로 직관적 인식은 매순간 쇄도하여 눈앞의 하찮은 일에 지대한 중요성과 의미를 부여한다. 그럼으로써 이 인식은 우리의 사유 체계를 지속적으로 뒤흔들고 왜곡시킨다. 반대로 (저서 〔《의지와 표상으로서의 세계》〕에서 알 수 있듯) 육체적인 활동을 할 때에는 사유가 순수 직관적인 이해를 저해한다.

자신이 지나온 길을 돌이켜본다면, 그리하여 아깝게 놓쳐버린 여러 번의 행운과 스스로 불러왔던 여러 번의 불행을 떠올린다면, 그것이 "미로를 헤매듯 잘못 거쳐온 삶의 행로"〔괴테, 《파우스트》 1부, 헌사〕임을 알게 된다. 그럴 때 우리는 자칫 우리 자신을 지나치게 질책하기 쉽다.

삶은 결코 순수한 우리 자신의 작품이 아니다. 삶은 두 가지 요인, 즉 일련의 사건과 우리가 내린 일련의 결정의 산물이다.[42] 게다가 두 요인에 대한 우리의 시각은 매우 제한되어 있다. 우리가 어떤 결정을 내릴 것인지 일찌감치 예측하기는 불가능하다. 앞으로 어떤 일이 일어날 것인지 예견하기는 더욱 불가능하다. 우리가 아는 것은 눈앞의 사건과 현재의 결정에 불과하다.

따라서 우리의 목표가 아직 멀리 있는 한, 우리는 그 목표를 향해 직선으로 나아가지 못한다. 단지 짐작으로 대충 방향을 잡을 뿐이다. 즉, 우리는 우리의 결정이 우리를 목표점에 더 가까이 데려가주기를 바라면서, 주어진 상황에 따라 매순간 결정을 내릴 뿐이다. 그러므로 주어진 상황과 우리의 기본 의도는 서로 다른 방향으로 가해지는 두 가지 힘에 비유할 수 있다. 그리고 여기에서 생겨나는 대각선이 바로 삶의 궤적이다.[43]

삶의 원칙 35[44]

우리가 삶의 계획을 세우면서 가장 빈번하게, 거의 필연적으로 간과하는 것은 시간의 흐름에 따라 우리 자신에게 일어나게 될 변화이다. 이로 인해 종종 우리는 막상 손에 넣었을 때에는 우리에게 어울리지도 않을 어떤 것들을 얻고자 전력을 다한다. 또한 우리는 어떤 일을 하기 위한 준비 작업에 장기간 매달리기도 하는데, 우리가 깨닫지 못하는 사이에 세월은 그 일 자체를 하는 데 필요한 기력을 고갈시켜버린다.

삶의 원칙 36[45)]

몹시 불행해지지 않기 위한 가장 확실한 방법은 대단히 행복해지기를 갈망하지 않는 것이다. 즉, 즐거움, 재산, 지위 그리고 명예 등에 대한 자신의 욕구를 완전한 절제의 수준까지 낮추는 것이다. 이렇게 해야 하는 이유는 행복을 향한 노력이 크나큰 불행을 불러오기 때문이다. 더구나 몹시 불행해지기는 너무도 쉬운 반면, 대단히 행복해지기는 단지 대체로 어렵다고 말할 정도가 아니라 전혀 불가능하다.[46)] 따라서 앞서 말한 원칙은 현명하고 유용한 조언이다. 특히 자기의 행복을 많은 필요 물품들로 이루어진 하나의 넓은 토대 위에 세워 올리려고 하지 말아야 한다. 그러한 토대 위에 세워진 것이야말로 가장 쉽게 무너지기 때문이다. 이 점에서 행복이라는 건축물은 넓은 토대 위에 세워질 때 가장 안전한 다른 모든 건축물들과는 반대되는 이치를 따른다. 행복을 위한 온갖 수단에 대한 요구 수준을 될 수 있는 대로 낮게 설정하는 것은 크나큰 불행을 피하기 위한 가장 믿음직한 수단이다. 모든 긍정적인 행복은 허상이지만, 고통은 현실이기 때문이다.

"황금과도 같은 중용을 택하는 사람은 이렇게 머무른다.

썩어가는 더러운 누옥으로부터 먼 곳에 안전하게,

시샘받는 화려한 궁성으로부터 먼 곳에 겸허하게.

장대한 소나무의 우듬지가 폭풍에 휩싸여 격렬하게 흔들
리는 법,

유난히 홀로 치솟는 탑이 무게를 못 이겨 무너지는 법,

산꼭대기에 번개가 떨어지는 법."

〔호라티우스, 〈카르미나〉〕

삶의 원칙 37[47)]

〈우리 삶에서 향락은 부정적이며, 고통은 긍정적이다. 우세한 쪽은 고통이다. 따라서 '이성'을 행동의 지침으로 삼고 있는 사람, 자기의 말 한마디가 불러올 미래의 결과를 심사숙고하는 사람은 절제와 금욕을 자주 활용해야 할 것이다. 가능한 한 평생을 고통 없이 보내기 위해, 가장 활기찬 즐거움과 기쁨의 대부분을 대가로 지불해야 할 것이다.[48)] 그러므로 이성은 대체로 까다로운 후원자 역할을 수행하며, 끊임없이 체념을 제의한다. 그 대가로 상당히 고통이 적은 삶을 약속할 뿐, 그 밖에 다른 어떤 것도 제시하지 않는다. 이성은 자기가 갖고 있는 개념들을 이용해서 삶의 '전체'를 포괄한다. 따라서 예측 가능한 최선의 상황에서도 사전에 예고된 만큼의 성과를 거둘 뿐이다. 어리석음은 삶의 '한 모서리'만을 포착하는데, 그 모서리에는 즐거움만 가득할 수도 있다.〉

삶의 원칙 38[49]

모든 사람은 각자 서로 다른 세계에 살고 있고, 그 세계는 사람 수만큼이나 서로 다른 결과를 가져온다. 즉, 어떤 사람인가에 따라 세계는 빈곤하고 공허하고 천박하기도 한 반면, 풍성하고 흥미롭고 의미심장하기도 하다. 이에 비하면, 운명과 환경과 상황이 한 사람의 세계에서 빚어내는 다양성은 미미하다. 그 밖에도 후자의 다양성이 우연의 손길에 의해 변화될 수 있다면, 전자의 다양성은 본성에 의해 두 번 다시 바뀔 수 없도록 확정되어 있다.

좋든 나쁘든 어떤 사람의 인생에 무슨 일이 일어나는가보다 훨씬 더 중요한 것은 그 사람이 그 일을 어떻게 느끼는가, 그리고 어떤 식으로 또 어느 정도로 받아들이는가이다.[50] 사람들은 종종 다른 사람의 인생에서 여러 가지 재미있는 일들이 일어난다고 부러워하지만, 이것은 부당한 일이다. 대신에 사람들은 그 사람의 수용 자세를 부러워해야 한다. 즉, 그 사람이 이야기하는 그 일들이 무슨 까닭으로 그처럼 재미있게 들리는지를 깨달아야 한다. 천재적인 인간에게는 너무나도 재미있는 일들이, 머리가 비어 있는 인간에게는 일상의 공허한 장면들일 수도 있다. 또 우울한 성품을 지닌 인간에게는 실로 비극적인 사건이, 냉정하거나 쾌활한 성품을 지닌 인간에게는 약간의 슬픔만 느끼게 할 수도 있다. 그러므로 우리는 외부의 재물을 소유하는 일보다 명랑하고 낙천적인 기질과 건전한 감각을 유지하는 일에 힘을 기울여야 한다. 건강의 대부분은 바로 여기에 달려 있다 : "건강한 신체에 건강한 정신이 깃든다."〔유베날(고대 로마의 시인 : 역주),《풍자시집》〕

이미 나는 행복론의 서두에서 '우리의 재산'과 '우리의 명성'은 '우리의 존재'보다 한참 하위에 있는 고려 사항이라고 말했다. 오직 '의식의 상태'만이 지속적인 영향을 미치며, 다른 모든 것의 영향은 잠정적일 뿐이다.[51] 중요한 것은 의지에 비해 지성이 우세해야 한다는 것이다. 의지는 지속적으로 심한 고통을 불러오는 데 비해, 진정한 기쁨을 거의 안겨주지 못하기 때문이다. 지성은 권태를 제압하고 인간을 내적으로 풍부하게 만든다. 따라서 활발하고 폭넓은 지성은 돈으로 살 수 있는 온갖 기분풀이와는 비교할 수 없을 정도로 무한히 큰 즐거움을 누리게 한다. 나아가서 만족스럽고 이성적인 정서도 대단히 중요하다.

존재의 행복이란 관점에서 보자면 의식의 상태야말로

가장 핵심적인 사항이다. 왜냐하면 의식만이 행복과 직결되며, 다른 모든 것들은 간접적으로만 연관되어 있기 때문이다. 우리의 삶은 식물의 무의식적 삶과 달리 의식적인 것이다. 우리는 기본적인 토대와 일반적인 여건에 대한 의식을 지니고 있다. 그러므로 의식의 상태 및 완성도는 삶의 즐거움 여부를 판가름하는 가장 본질적인 요소이다.

삶의 원칙 39[52]

〈이미 (자유에 관한 논문에서)[53] 나는 우리가 모든 사건을 '불가피한' 것으로 간주하는 데[54] 익숙해져야 한다고 말한 적이 있다. 그 이유로서는 우리 삶의 우연한 사건들을 주재하는 (내가 상세하게 논했던) 비밀스러운 힘을 제시하였다. 이러한 운명론은 기본적으로 타당하며, 많은 위안을 준다. 그럼에도 삶은 순수한 인과율의 귀결이며, 이 점은 부인할 수 없는 사실이다.[55] 즉, 실제로 가능했던 것은 (메가리안 학파의 디오도루스가 정확히 말한 것처럼[56]) 이미 실현된 것 또는 실현되고 있는 것뿐이다. 그렇지만 첫째, 현실 영역보다 훨씬 더 광대한 가능성의 영역은 어디까지나 가상적이다. 왜냐하면 가능성의 영역이란 개념이 단숨에 무한성을 포괄하는 반면 그 가능성들이 실현되는 무한한 시간은 우리에게 주어질 수 없기 때문이다. 또한 그런 이유로 시간만큼 무한한 현실 영역을 개괄하지 못하는 우리에게는 이 현실 영역이 실제보다 작게 나타나기 때문이다. 둘째, 가능성의 영역에 관해서는 이론적인 가능성만이 운위된다. 말하자면 이런 식이다. 가능하다는

것은 일어날 수 있다는 것이지만, '일어날 수 있는' 것은
반드시 일어난다. 그렇지 않다면 일어날 수 없다고 해야
하기 때문이다. 현실은 가능성을 전제로 삼는 추론의 귀
결이다.

{명백한 사실이지만, 원인이 있으면 결과는 따르게 마
련이다. 즉, 원인이 있는 것은 존재하지 않을 수 없으며,
그러므로 필연적으로 존재한다. 그러나 사람들은 필연이
라는 마지막 규정어에만 집착했고, 필연적인 것이란 다르
게 될 수 없는 것 또는 반대되는 경우가 불가능한 것이라
고 말해왔다. 그러면서 사람들은 그러한 필연성의 이유와
원인에 주의하지 않았고, 그로부터 파생되는 모든 필연성
의 상대성을 간과했다. 그럼으로써 어떤 '절대적으로 필
연적인 것'에 관한 전혀 생각할 수도 없는 가설을 만들어
냈다. 그것의 존재는 원인에서 빚어진 결과처럼 불가피하
겠지만, 그럼에도 분명 어떤 원인에서 비롯된 결과는 아
닐 것이며, 따라서 그 어느 것에도 종속되지 않을 것이라
는 가설이었다. 이러한 명제는 그 자체 모순되기 때문에
터무니없는 주장일 뿐이다. 그런데 사람들은 이 가설을
토대로 삼아 원인에서 비롯된 모든 결과가 우연이라는,
전적으로 진실과 상반된 선언을 하기에 이르렀다. 요컨대

사람들은 우연의 상대적 필연성을 눈여겨본 다음, 이것을 완전히 허공에서 끌어온 어떤 개념, 즉 개념상으로 그 자체 모순되는 '절대적' 필연성에 비유한 것이다.

칸트마저도 《순수이성 비판》에서 우연을 이처럼 불합리하게 규정하고 여기에 선언의 지위를 부여했다. 심지어 그는 301쪽에서[57] "모든 우연한 것은 하나의 원인을 갖는다."라고 말한 다음, "존재하지 않을 수도 있는 것은 우연"이라고 덧붙인다. 이것은 칸트가 빠져든 가장 두드러진 모순이다. 원인을 갖고 있는 것은 절대 존재하지 않을 수가 없으며, 따라서 그 존재는 필연적이기 때문이다.

덧붙이자면, 이 필연과 우연에 관한 전적으로 그릇된 선언의 근원은 아리스토텔레스에게서 찾을 수 있다. 〈생성과 사멸에 관하여〉에서 필연적인 것은 존재하지 않기가 불가능한 것이라고 선언된다. 존재하기가 불가능한 것이 이것과 대립한다. 그리고 양자 사이에 존재할 수도 존재하지 않을 수도 있는 것이 자리잡고 있다. 이것은 곧 생성하고 사멸하는 것을 말하는데, 이것이 우연한 것이라는 말이다.

이상의 사실에 비추어 보면, 아리스토텔레스의 다른 많은 선언들과 마찬가지로 이것은 분명 추상적인 개념을 고

수할 뿐 구체적이고 직관적인 것으로 회귀하지 않았기 때문에 빚어진 잘못이다. 구체적이고 직관적인 것은 모든 추상적 개념들의 원천이다. 그러므로 모든 추상적 개념들은 항상 구체적이고 직관적인 것에 의해 제어되어야 한다. "존재하지 않기가 불가능한 어떤 것"은 아마 '추상적으로는' 생각할 수 있을 것이다. 그러나 우리가 이 생각을 갖고서 구체적이고 현실적이며 직관적인 것을 대한다면, 이 생각을 입증할 수 있는 어떤 근거도 발견하지 못한다. 그 생각이 단지 생각해볼 수는 있는 생각이라는 점조차 입증하지 못한다. 다만 그 생각이 어떤 주어진 원인의 앞서 말한 것과 같은 결과, 즉 필연적 결과이지만 상대적이고 제약된 필연성에 따른 결과라는 점만을 증명할 수 있다.

나는 이 기회에 양상의 개념에 관한 몇 가지 소견을 덧붙이고 싶다. 모든 필연성은 원인의 정립에 의존하며, 따라서 상대적이기 때문에, 모든 '자명한' 판단은 원래 그 궁극적 의미에 따르면 '가설적'이다. 이 판단은 오직 '단정적인'('논거 없이 타당성의 인정을 요구하는 사실 주장'의 의미 : 역주) 소전제가 등장함으로써 결론에서 '정언적' 판단이 된다. 이 소전제가 확정된 것이 아니라면, 그래서 그 불확실성이 표현되어 있다면, '의심스러운' 판단으로 귀결된다.

일반적으로 자명한 규칙(자연 법칙)은 직접 개별적인 사건에 적용되면 언제나 의심스러울 뿐이다. 왜냐하면 먼저 그 사건에 규칙을 적용할 수 있게 하는 조건이 실제로 등장해야 하기 때문이다. 반대로 그러한 개별적인 사건에서는 필연적인(자명한) 것(나름의 원인 때문에 필연적으로 일어나는 개별적 변화)이라고 해도, 이것을 일반적으로 진술하면 역시 의심스러울 뿐이다. 왜냐하면 이때 등장하는 원인은 개별 사건에만 적용되기 때문이다. 이와 동시에, 자명하면서 항상 가설적인 판단은 언제나 일반적인 법칙을 진술할 뿐, 개별 사건들을 직접적으로 다루지는 않기 때문이다.

이 모든 것의 원인은 가능성이 오직 반성의 영역에 이성을 위해서만 존재하는 반면, 현실적인 것은 직관의 영역에 오성을 위해서 그리고 필연적인 것은 이성과 오성 둘 다를 위해서 존재하기 때문이다. 더구나 필연성과 현실성 그리고 가능성 간의 구별도 본래는 '추상적'으로만 또 개념상으로만 존재한다. 현실 세계에서는 그 세 가지가 하나의 사건 속에 일치되어 있다.

이유를 말하자면 이렇다. 즉, 일어나는 모든 사건은 필연적으로 일어나는 것이다. 왜냐하면 그 사건들이 어떤 원인들에서 비롯되기 때문이다. 그런데 이 원인들 자체에도 다시 다른 원인들이 있다. 그러므로 이 세계의 전체적인 진행은 필연적으로 등장하는 사건들의 냉엄한 연쇄작용이다. 따라서 모든 현실적인 것은 동시에 필연적인 것이며, 현실에서 현실성과 필연성은 전혀 구별되지 않는다. 마찬가지로 현실성과 가능성도 전혀 구별되지 않는다. 왜냐하면 일어나지 않은 것, 즉 실현되지 않은 것은 가능하지 않았던 것이기 때문이다. 말하자면 어떤 일이 일어나려면 꼭 필요한 어떤 원인이 있다. 그런데 그 일이 전혀 일어나지 않았다면, 그 원인 자체도 거대한 원인들의 연쇄 작용 속에 결코 등장한 적이 없고 등장할 수도 없었다. 그렇다면 그 일은 불가능했던 것이다. 따라서 모든 사건은 필연적이거나 불가능하다.

하지만 이 모든 것은 물론 경험적인 현실 세계에만 해당된다. 또 현실 세계는 개별적인 사항들의 복합적인 체계이므로 그 체계 속의 모든 개별적인 사항들에만 해당된다. 만약 우리가 그 사건들은 '추상적'으로 파악하면서 이성을 통해 일반적으로 관찰한다면, 필연성과 현실성 그리고 가능성이 다시금 별개의 것들로 나타난다. 그래서 우리는 우리의 지성을 이루고 있는 법칙들에 '선험적'으로 합당한 모든 것을 일반적으로 가능한 것으로 인식한다. 그리고 경험적 자연 법칙에 부합하는 것이라면 실제 실현된 적이 없다 할지라도 현실적으로 가능하다고 인식한다. 그러므로 가능한 것과 현실적인 것을 명확하게 구분하는 것이다. 사실 현실적인 것 자체는 항상 필연적인 것이다. 그렇지만 현실적인 것은 그 원인을 알고 있는 사람에 의해서만 필연적인 것으로 파악된다. 원인을 알지 못하는 것은 우연한 것이며, 또 그렇게 말해진다.

지금까지의 고찰은 키케로가 《운명론》에서 다루고 있는 논쟁, 즉 메가리안 학파의 디오도루스와 스토아 철학자 크리시푸스 간의 '가능성에 관한 논쟁'에 해결책을 마련해준다. 디오도루스는 이렇게 말한다 : "실현되고 있는 것만이 가능했던 것이다. 또한 모든 현실적인 것은 필연적인 것이기도 하다." 반면 크리시푸스는 이렇게 말한다 : "실현되고 있지 않은 많은 것이 가능하다. 왜냐하면 필연적인 것만이 실현되기 때문이다."

이 논쟁을 우리는 다음과 같이 설명할 수 있다. 현실은 가능성을 전제로 삼는 추론의 귀결이다. 그렇지만 이 추론에는 대전제뿐만 아니라 소전제도 필요하다. 두 전제가 다 있어야만 가능성이 온전하게 제시된다. 말하자면 대전제는 단지 이론적이고 일반적인 가능성을 '추상적'으로 제시한다. 그러나 이 전제 자체는 아직 아무것도 가능한 것으로 만들 수 없다. 즉, 그 어느 것도 실현될 수 있는 상태로 이끌지 못한다. 이 일은 개별 사건을 위해 가능성을 제시하는 소전제의 몫이다. 소전제는 개별 사건에 규칙을 적용할 수 있게 한다. 그럼으로써 이 사건은 즉시 현실화된다. 이를테면 다음과 같다 :

대전제 : 모든 집들은 (따라서 내 집도) 불에 타서 없어질 수 있다.
소전제 : 내 집에 불이 났다.
결 론 : 내 집이 불에 타서 없어지고 있다.

모든 일반적인 명제, 즉 모든 대전제는 실제의 현실과 연관되는 한 항상 하나의 전제하에 사물을 규정한다. 예를 들어 불에 타서 없어질 수 있다는 것은 불이 난다는 것을 전제로 삼는다. 이 전제를 제공하는 것이 소전제이다. 대전제에는 언제나 대포가 실려 있다. 그러나 소전제가 도화선을 가져와야만 비로소 일이 종결되고 결론이 얻어지는 것이다. 이것은 가능성과 현실성의 관계에서도 유효하다. 결론은 현실에 관한 진술로서 언제나 '필연적'으로 얻어진다. 그러므로 여기에서 모든 현실적인 것은 필연적인 것이기도 하다는 명제가 도출된다.

이 점은 또한 다음과 같은 맥락에서도 파악할 수 있다. 필연적이라는 것은 오직 주어진 원인의 귀결이라는 것을 뜻할 뿐이다. 그런데 이 원인은 현실적인 것의 근거이다. 그러므로 모든 현실적인 것은 필연적인 것이다. 따라서 우리는 여기에서 가능성과 현실성 그리고 필연성의 개념이 일치함을 본다. 또한 필연성의 개념이 가능성의 개념을 전제할 뿐만 아니라 가능성의 개념 역시 필연성의 개념을 전제한다는 점도 알게 된다. 그럼에도 우리가 이 개념들을 구별하는 까닭은 가능성과 현실성 사이를 중개하는 것이 시간이고, 우리의 지성은 시간의 형식에 의해 제약되어 있기 때문이다. 말하자면 개별 사건들의 필연성은 각 사건의 모든 원인들을 인식함으로써 통찰할 수 있다.

하지만 서로 독립되어 있는 다양한 원인들 전체가 동시에 발생한다는 것이 우리에게는 '우연'으로 여겨지는 것이다. 바로 이 원인들의 상호 독립성이 우연성의 개념이다. 그런데 각 원인은 분명 자기를 낳은 원인의 결과이기 때문에, 원인의 연쇄에는 출발점이 없다. 그리하여 결국 우연성은 주관적 현상에 불과하다는 사실이 드러나게 된다. 요컨대 우연성은 우리의 인식 지평이 제한되어 있기 때문에 생겨난다. 그리고 이 우연성은 하늘과 땅이 닿아 있는 모습으로 나타나는 우리의 시야만큼이나 주관적이다.)[58]

삶의 원칙 40[59)]

　보통 우리는 현재에 드리워진 우울한 그늘을 어떤 좋은 가능성들에 대한 생각으로 걷어내고자 한다. 그래서 우리는 갖가지 헛된 희망을 품어보곤 한다. 그러나 그런 희망들은 대부분 충족되지 못한 채 간직될 뿐이며, 한 가지 희망마다 하나씩의 '실망'을 배태하게 된다. 그렇다면 차라리 온갖 좋지 못한 가능성들에 대해 생각하는 것이 낫다. 이런 생각은 그 가능성들에 대한 예방 대책을 유도하는 한편, 가능성이 실현되지 않을 때에는 의외의 안도감을 가져다준다. 〈우울하고 수심에 찬 사람들은 여러 가지 상상 속의 고통을 겪지만, 실제 고통에 시달리는 일은 태평하고 밝은 사람들보다 적다. 왜냐하면 매사 어두운 면을 보고 늘 최악의 사태를 우려하는 사람은 매사를 밝은 색상과 전망으로 감싸는 사람보다 예상이 빗나갈 때가 적기 때문이다.〉[60)]

삶의 원칙 41

뭔가 나쁜 일이 있을 때에는, 그 나쁜 일이 생기지 않을 수도 있었을 것이라는 생각에 말려들지 마라. 운명론에 대해서는 이미 말한 바 있다.(간접적으로는 유용하지만, 즉각 도움이 될 내용은 아님)

삶의 원칙 42[61]

가장 심각하면서도 가장 흔한 어리석음은 '삶을 위해 방대한 준비를 하는 것'이다. 어떤 방식으로 준비하든 마찬가지다. 이런 준비를 시작할 때 사람들은 완벽한 삶이 가능하다고 여기지만, 그런 삶에 이르는 사람은 극소수에 불과하다.

나아가서 사람들이 아무리 오래 산다 해도 그들의 계획에 비하면 그 삶은 너무나 짧다. 그런 계획을 실행하는 데에는 짐작했던 것보다 훨씬 더 많은 시간이 걸리기 때문이다.

더 나아가서 그런 계획은 모든 인간사가 그러하듯 자주 좌절을 겪고 장벽에 부딪치는 까닭에 목표했던 대로 이루어지는 일이 드물다. 또한 마침내 모든 것이 이루어진다 할지라도, 사람들은 미처 고려하지 않았던 결말에 봉착한다. 즉, 사람은 세월의 흐름에 따라 변하게 마련이고[62] 무엇인가를 하거나 즐길 수 있는 능력도 전과 다르게 된다. 전 생애를 바쳐 정성을 기울여서 얻은 것인데, 노년에 이르러 그것을 즐길 수가 없게 되는 것이다. 또는 그토록 어렵게 다다른 지위인데 감당할 수 있는 처지가 아닌 것이다. 요컨대 그런 것은 너무 늦게 사람을 찾아온다. 아니면 반대로, 뭔가 특별한 일을 해서 특별한 성과를 거두고자 했을 때에는, 사람이 그 목표에 너무 늦게 도달한다. 시대의 취향과 기호는 변해 있고, 새로운 세대는 관심을 나타내지 않으며, 다른 이들은 더 짧은 길로 앞질러 와 있다.

"무엇을 위해 너는 네 정신을 힘들게 하는가?
영원한 계획을 따르기에 네 정신은 너무도 미약하건만."
〔호라티우스, 〈카르미나〉〕

이 빈번한 실책은 자연스러운 착각에서 빚어진다. 삶은 출발점에서 바라보면 무한히 길어 보이고, 종착점에서 돌아보면 말할 수 없이 짧아 보인다. 물론 이러한 착각에도 장점은 있다. 이런 착각이 없다면, 뭔가 위대한 일은 거의 이루어지지 않을 것이기 때문이다.

자연으로부터 '풍족하게 공급받은' (이 표현은 이렇게 쓰일 때 본래의 의미가 제대로 살아나는데) 사람에게는 자기 내면의 부를 누릴 수 있는 자유로운 여가 외에 외부의 어떤 것도 더 이상 필요하지 않다. 여가만 주어진다면, 이 사람이야말로 가장 행복한 사람이다. 자아는 비자아와 비교할 수 없을 정도로 우리와 가까운 곳에 자리잡고 있다. 그런데 외부의 모든 것은 변함 없는 비자아이며, 내면과 의식 그리고 의식의 상태만이 자아이다. 그리고 우리의 행복도 우리의 고통도 오직 이 자아 속에 있다.

주의해야 할 점은 이 자아와 비자아의 개념이 형이상학에서는 너무나도 다듬어지지 않은 개념이라는 사실이다. 자아란 단순한 것이 아니기 때문이다. 이 개념들은 오직 행복론에서 사용되기에 알맞은 개념들이다.

삶의 원칙 44

행복론의 변함 없는 주된 진리는 사람의 '소유'나 '명
성'보다 '존재'가 훨씬 더 중요하다는 사실이다. "가장 큰
행복은 인격이다."〔괴테, 《서동시편》 참고〕 언제 어느 때고
사람이 진실로 즐기는 것은 오직 자기 자신이다. 자기 자
신이 그리 가치 있는 존재가 아니라면, 온갖 즐거운 일도
단지 분노로 물든 입 안의 값진 포도주와 같다.

행복의 가장 큰 적이 고통과 권태라면, 자연은 이 두 가
지 적에게 맞설 수 있는 두 가지 방어 수단을 인격에게 제
공해주었다. (육체적인 것일 때보다는 정신적인 것일 때가 훨
씬 더 많은) 고통에 맞서기 위한 '명랑함'과 권태에 맞서기
위한 정신이 바로 그것이다.

그럼에도 이 두 가지는 서로 가깝지 않으며, 극단적인
경우에는 양립 불가능하다. 정신은 정서적 우울과 친숙하
다. 〔아리스토텔레스는 이렇게 말했다〕: "모든 천재적 인간
은 우울하다."〔키케로, 《투스쿨룸 논쟁》(투스쿨룸은 로마 남
동쪽에 있는 옛 로마의 도시명 : 역주)〕 그리고 지나치게 명
랑한 기분은 천박한 정신의 산물이다. 그래서 일반적으로

고통과 권태 중 어느 한 가지에 잘 맞설 수 있는 성격일수록, 다른 한 가지에 대해서는 그만큼 더 약하다.

인간의 삶이 고통과 권태로부터 늘 자유로울 수는 없다. 그러므로 만약 어떤 사람의 주된 불행이 그의 성격상 잘 맞설 수 있는 것이라면, 이것은 운명의 각별한 은총이다. 즉, 아주 명랑한 사람에게 고통이 가해지거나 심오한 정신을 지닌 사람에게 공허한 여가가 주어지는 것은 다행스러운 일이다. 하지만 그 반대일 때도 있다. 이렇게 되면 정신은 고통을 배가시킨다. 그리고 명랑하지만 천박한 정신을 지닌 사람에게 고독과 한가한 공허는 실로 견디기 힘들다.[63]

좋을 수도 나쁠 수도 있는 일을 겪을 때, 퉁명스러운 사람은 그 일이 좋게 끝나도 기뻐하지 않지만 나쁘게 끝나면 화를 낸다. 쾌활한 사람은 그 일이 좋게 끝나면 기뻐하고 나쁘게 끝나도 화를 내지 않는다.

〈기분 좋은 일과 기분 나쁜 일을 받아들이는 모습은 다양한 사람만큼이나 무척 다양하게 나타난다. 그래서 어떤 사람은 다른 사람에게는 거의 절망감을 안겨주는 일을 겪으면서도 웃는 것이다.

"자연은 한가할 때 기이한 자들을 만들어냈으니,
어떤 자들은 항상 흡족해서 살짝 뜬 눈으로 엿보면서
백파이프 연주자를 보고도 앵무새처럼 웃고,
또 어떤 자들은 언짢은 표정에
현명한 노인이 정말 재미있다고 되뇌는 농담에도
이를 내보이며 웃는 적이 없다."
〔셰익스피어, 《베니스의 상인》〕

플라톤은 이러한 차이를 무뚝뚝함과 명랑함으로 구분했다. 불쾌한 일에 대한 반응이 두드러질수록 유쾌한 일에 대한 반응은 미미해지고, 반대로 유쾌한 일에 대한 반응이 두드러질수록 불쾌한 일에 대한 반응은 미미해진다. 이러한 차이는 소화 기관의 상태와 신경이 긴장하는 정도의 상이함에서 빚어진다.

무뚝뚝하다는 것은 모든 언짢은 일에 대한 반응이 두드러진다는 것을 뜻하며, 명랑하다는 것은 그 반대를 뜻한다. (대부분 신경계통이나 소화기관과 관련된) 육체적인 부조화로 인해 언짢은 상태가 고조되면, 최소한의 불쾌감도 충분한 '자살'의 동기가 된다. 특히 극도로 무뚝뚝한 사람의 자살에는 특별한 불행이 필요하지 않다. 그런 사람은 단순히 지속적인 불쾌감(생활에 대한 지겨움)만으로도 냉정한 상황 판단과 확고한 결단을 거쳐 자살을 감행하는 것이다.

이를테면 대부분의 시간을 감시받아온 병자는 항상 마음의 준비가 되어 있으며, 감시의 눈길을 벗어나자마자 아무런 망설임이나 갈등 없이 당연하고도 유일한 해결책을 향해 돌진한다. 이처럼 명백히 무뚝뚝한 상태에서 초래된 '자살'은 병적인 현상이다. 이 현상(정신장애)에 관해

서는 에스퀴롤이 상세하게 서술하고 있다.[64]

그러나 건강한 사람들마저 '자살'로 몰고가는 것이 있다. 그것은 단 한 가지, 바로 크나큰 불행이다.

그들의 자살은 불행이 원인이라는 점에서 일치한다. 그러나 단 한 가지, 불행의 정도는 서로 다르다. 사람마다 무뚝뚝하거나 명랑한 정도는 대단히 다양하기 때문이다. 따라서 이것은 상대적인 차이점이다. 동기가 된 불행이 사소한 것일수록 무뚝뚝한 정도가 심하고 거의 병적이었을 것임에 틀림없다. 반면 불행이 심각한 것일수록 그 사람은 건강하고 명랑한 사람이었을 것이다.[65]

자살은 그 과정, 즉 중간 단계에 따라 두 가지로 구분될 수 있다. 하나는 무뚝뚝함에서 비롯된 병자의 자살이고, 다른 하나는 불행에서 비롯된 건강한 사람의 자살이다.

사람이 무뚝뚝하거나 명랑할 수 있는 정도의 차이는 대단히 크다. 이 점을 고려한다면, 몹시 무뚝뚝한 사람의 자살조차 유도하지 못할 만큼 사소한 불행도 없고, 어떤 사람의 자살도 유도해낼 만큼 심대한 불행도 없다.

자살한 사람의 건강 상태는 불행의 심각성과 현실성에 따라 평가될 수 있다. 혹시 완벽하게 건강한 사람은 어떠한 불행에도 삶의 의욕이 꺾이지 않을 만큼 명랑하다고 가정할 수 있을까? 만약 그렇다면 모든 자살자는 정신적인 질환(본래는 육체적인 질환)을 앓고 있었다고 말해야 한다. 그러나 대체 누가 완벽하게 건강할 수 있겠는가?

두 종류의 '자살'은 본질상 궁극적으로 동일하다. 즉, 견딜 수 없는 고통이 본능적인 삶의 충동을 능가하는 것이다. 그렇지만 강도가 약한 널빤지는 1온스의 힘에 부러지고, 강도가 강한 널빤지는 1천 온스의 힘에 부러진다. 즉, 자살에서 중요한 것은 동기와 이에 대한 반응이다. 이것은 순수 육체적이고 우연한 현상의 경우와 같다. 병자는 가벼운 감기로 목숨을 잃는다. 그런가 하면 누구보다 건강한 사람마저 죽게 만드는 감기도 있다.

건강한 사람은 분명 정서적으로 병든 사람보다 결단을 내릴 때까지 훨씬 더 큰 갈등을 겪는다. 정서적으로 심하게 병든 사람은 거의 결단을 내릴 필요조차 없다. 이런 사람은 이미 오랫동안 고통에 시달려서 새삼 뛰어내릴 결단을 내릴 필요가 없을 만큼 저하되어 있는 것이다. 단지 누구에게나 위안이 될 수 있는 사실은 있다. 정신적 고통은 우리를 육체적 고통에 개의치 않게 만들고, 마찬가지로 육체적 고통도 정신적 고통에 대해 같은 작용을 한다는 점이다.

자살의 성향이 유전된다는 사실은 자살의 결정에 주관 적 요인의 영향이 더 우세하다는 점을 입증한다.⟩[66]

삶의 원칙 47

'우리가 갖고 있는 것' 중에서 중요한 한 가지는 '친구들'이다. 그런데 여기에는 독특한 점이 있다. 즉, 다른 사람을 자기의 친구로 느끼고 있다면, 그만큼 그 다른 사람도 자기를 친구로 느끼고 있어야 한다. 모리츠부르크 성에 있는 17세기 작센 왕들의 방명록에는 당시 어느 귀족의 글이 이렇게 적혀 있다.

참된 애정
지속되는 우정
나머지 모든 것은 내다버릴지언정.

우정에 대해서는 아리스토텔레스의 《니코마코스 윤리학》 제10권과 《에우데무스 윤리학》 제7권을 보라.

'행복에 관한 총괄적 논의'로서는 아리스토텔레스의
《니코마코스 윤리학》제10권이 훌륭하고 읽을 가치가 있
다. 《에우데무스 윤리학》제7권에서 그는 "행복은 스스로
만족하는 사람의 것"이라고 말한다.

"행복하기란 쉬운 일이 아니다. 우리의 내면에서 행복
을 찾기는 어렵다. 다른 곳에서 찾기는 불가능하다."〔샹포
르, 《전집》, 제4권, 〈인물과 일화들〉, 파리, 1795년〕

삶의 원칙 49[67)]

'행복한 삶'이란 이렇게 정의할 수 있을 것이다. 즉, 순수 객관적인 관점에서 또는 (이 점에서는 주관적인 판단이 중요하므로) 냉정하고 성숙한 시각으로 성찰한다면, '행복한 삶'이란 아예 살지 않는 것보다는 단연 나은 것이라고 할 수 있을 것이다. 이러한 개념 정의를 토대로 말하자면, 우리는 단지 죽음이 두려워서가 아니라 행복 그 자체 때문에 행복한 삶에 집착한다. 또한 우리는 행복이 무한히 지속되기를 원한다. 인간의 삶이 그러한 삶의 개념에 상응하는가 또는 상응할 수 있는가의 문제에 대해 나의 철학은 주지하다시피 아니라고 명시한다. 그럼에도 불구하고 행복론은 그에 대한 즉각적인 긍정을 전제로 성립한다.

각자의 현실, 즉 각자의 마음에 담긴 현재는 객관과 주관적인 부분으로 이루어져 있다. 이 두 부분은 본질적으로, 또한 필연적으로 결합되어 있다. 이것은 물이 산소와 수소로 이루어져 있는 것에 비유할 수 있다. 그래서 객관은 전적으로 동일하지만 주관이 상이하거나 주관은 동일하지만 객관이 상이하다면, 현실 또는 현재는 동일하지 않다. 객관이 가장 멋지고 양호한 것일지라도 주관이 생기 없고 불량하다면, 현실과 현재는 열악할 수밖에 없는 것이다. 이것은 마치 날씨가 나쁘거나 누추하고 어두운 골방 안의 울퉁불퉁한 판자 위에 묶여 있는데, 주변 경관은 아름다운 상황과 같다. 그런데 객관은 운명의 수중에 있고 부단히 변화한다. 그리고 주관이란 바로 우리 자신이며, 본질적으로 변화하지 않는다.[68] 여기에서 우리의 행복이 얼마나 우리의 '존재', 우리의 개성에 달려 있는지가 명확히 드러난다. 그럼에도 대부분의 사람들은 우리의 운명만을, 우리의 '소유'만을 따진다. 운명은 개선될 수 있다. 또 겸손은 운명에게 그리 많은 것을 요구하지도 않

는다. 그러나 어리석은 자는 언제까지나 어리석다. 낙원
에서 아름다운 소녀들에게 둘러싸여 있다 해도, 미련한
자는 영원히 미련하다. "가장 고귀한 행복은 인격이다."
〔괴테,《서동시편》참고〕

행복론[69]

'언젠가는 죽어야만 하는 자들의 운명'을 서로 다르게 만드는 원천은 아래와 같이 세 가지로 구분할 수 있다.[70]

첫째, 누구인가 : 즉, 넓은 의미의 인격이다. 건강, 힘, 아름다움, 도덕성, 정신 그리고 교양을 뜻한다.

둘째, 무엇을 갖고 있는가 : 즉, 재물과 자산을 뜻한다.

셋째, 무엇을 내세우는가 : 이것의 본질은 그 사람에 대한 타인들의 생각에서 드러난다. 평판과 위신 그리고 명예를 뜻한다.

'자연'이 정한 사람들 간의 차이는 첫 번째에서 나타난다. 이 점만으로도 인간 자신의 계획에 따라 산출되는 두 번째와 세 번째보다 첫 번째가 훨씬 더 본질적이고 포괄적인 것이리라고 생각할 수 있다.[71]

첫 번째는 의심할 여지 없이, 행복과 불행을 좌우하는 가장 본질적인 요인이다. 왜냐하면 중요한 것은 명백히 인간의 참된 실존이고 내적인 평온이기 때문이다. 이것은 인간의 내면에서 진행되는 것이며, 감각과 의지와 사유의 결과이다. 동일한 환경에서도 사람들은 각자 다른 세계

(소우주) 속에서 살아간다. 또한 외부에서 일어난 동일한 사건으로부터 서로 전혀 다른 영향을 받는다. 이와 같은 내적 상태 단 하나의 요인에 기인하는 차이가 외부의 다양한 상황들이 초래하는 차이보다 더욱 크다. 누구든지 자기의 생각, 감정 그리고 의지의 표출과는 '직접적'인 관계를 맺을 수밖에 없다. 그러나 외부적인 것들은 생각과 감정 등을 유발하는 간접 작용을 할 뿐이다. 인간은 실제로 자신의 생각과 감정과 의지 속에서 살아간다. 그리고 이것들이 인간의 삶을 행복하게 만들기도 하고 불행하게 만들기도 한다.[72]

완벽한 건강과 원활한 유기적 조화에서 생성되는 '명랑한 기질', 명료하고 활기차고 철저하고 강력하게 이해하는 정신 그리고 부드럽게 절제된 의지는 어떤 지위나 부유함도 대신할 수 없는 장점들이다.

주관은 객관보다 훨씬 본질적이며, 즐거움의 90퍼센트를 좌우한다. 이 점은 "배고픔이 최고의 요리사"라는 말에서도 알 수 있고, 천재나 성인들의 삶에서도 확인할 수 있다. 소녀가 젊은이에게는 '최고의 것'이지만 노인의 관심을 끌지는 못하는 법이다.

인간을 위해 존재하고 또 진행되는 모든 것들은 오직

인간의 의식 속에서만 직접적으로 존재하고 인간의 의식을 위해서만 진행된다.[73] 그러므로 '의식' 자체의 상태는 분명 가장 본질적인 것이며, 심지어 의식에 투영되는 형상들보다도 대단히 중요하다. 어리석은 자의 아둔한 의식에 반영된 온갖 화려하고 즐거운 형상들은 불편한 감옥에서 《돈키호테》를 집필하던 시절 세르반테스의 의식에 비하면 아주 빈곤한 것이다.

인간이 오직 자기 자신을 위해 지니고 있는 것, 인간이 고독할 때에도 역시 동행해주는 것 그리고 다른 사람으로부터 받을 수도 없고 다른 사람에게 줄 수도 없는 것, 이것이야말로 인간의 모든 소유물이나 평판보다 훨씬 본질적인 것이다.

정신적으로 풍요로운 사람은 완전한 고독 속에서도 자기 자신의 사유와 상상을 통해 탁월한 즐거움을 누린다. 반면 아둔한 사람은 끊임없는 구경거리나 축제 또는 여행에도 불구하고 권태를 느낀다.

선량하고 온화하고 부드러운 성격을 지닌 사람은 몹시 궁핍한 상황에서도 만족을 느낄 수 있다. 하지만 인색하고 시기심 많고 못된 성격을 지닌 사람은 아무리 거대한 부를 쌓아 올려도 만족을 느끼지 못한다. (괴테는 《서동시편》에서 "'가장 고귀한' 행복은 인격"이라고 말했는데, 이것은 지당한 말이다. 인간의 외부에 있는 것으로서 인간에 비견될 만한 것은 생각보다 훨씬 적다.)

특출한 개성의 즐거움을 지속적으로 향유하는 사람에게 그 이상 더 필요한 즐거움이 과연 얼마나 되겠는가! 오히려 방해만 되거나 번거롭게 느껴질 향락이 많지 않겠는가![74]

주관, 즉 인격은 가장 본질적인 것이다. 이때 나쁜 점은 주관이 평생 변함없이 지속된다는 것이다. 소유와 위신이라는 다른 두 가지 요소는 누구든지 노력해서 얻을 수 있는 반면에 주관은 우리 힘으로 어찌할 수가 없다.[75]

인격과 관련해서 우리가 유일하게 할 수 있는 일은 자기 인격을 최대한 유익한 방향으로 활용하는 것이다. 말하자면, 먼저 자기에게 적합한 교육 방식에 의해서만 인격을 도야하고, 이 인격에 적합한 지위와 직업을 획득해야 한다. 다음으로는 이러한 삶을 즐겁게 유지해야 한다. 그런데 이를 위해서는 자기 인식이 필요하다. 나의 저서〔《의지와 표상으로서의 세계》, 제4권, 55절, 결론〕에서 언급했던 '후천적 특성'은 바로 이 자기 인식에서 얻어지는 것이다.[76] 이처럼 자신의 인격을 도야하기 위해 노력한다면, 재산을 모으는 데 힘을 쏟을 때보다 훨씬 더 많은 것을 얻을 수 있다. 다만, 가난해질 정도로 재산을 경시해서는 안 된다. 또한 무엇보다 인격의 도야가 적절한 방법으로 이루어져야 한다는 점이 중요하다. 많은 지식은 비교적 어리석고 평범한 사람들을 한층 더 둔하고 쓸모없고 즐거움을 모르는 사람으로 만들기 때문이다. 심지어 특출한 두뇌를 가진 사람이라 할지라도 자신에게 적합한 지식을 획득해야만 자신의 개성에서 즐거움을 얻을 수 있다. 많은 부자들은 그러한 지식이 없기 때문에 불행하다. 그럼에도 불구하고, 사람들은 보통 인격을 도야하는 일보다 재산을 모으는 일에 열중한다. 그러나 행복을 위해 훨씬 더 많은 기부금을 내는 쪽은 재산이 아니라 인격이다.

인격은 사람이 언제 어느 곳에 가든 반드시 동행한다. 인격의 가치는 절대적이다. 즉, 재산이나 평판의 가치처럼 상대적인 것이 아니다. 행복한 삶을 위해 본질적으로 필요한 것은 자기 자신의 가치를 인정하는 것인데, 이것을 가능하게 해주는 것도 바로 인격이다.[77] 인격은 평판보다 훨씬 더 건강에 좋은 자양분이다. 인격은 재산이나 평판처럼 행복, 즉 우연에 예속되어 있지 않다. 인격은 취득할 수 없는 것이듯 탈취당할 수도 없다. 다만 인격은 나

이가 들어감에 따라 저하된다. 도덕적 특성만이 예외이며, 나머지는 모두 필연적으로 시간에 굴복한다. 이 점에서는 재산이나 평판이 유일한 장점을 지니고 있다. 그러나 나이는 정신력을 감소시킬 뿐만 아니라 고통의 근원인 정열도 감소시킨다.

재산과 평판은 어느 정도 상호작용을 한다. "가진 사람은 인정받는 사람이다."〔페트로니우스, 《사티리콘》('호색적인 모험'이라는 뜻으로 1세기경 로마 사회의 풍물을 묘사한 소설 : 역주)〕 반대로 다른 사람들의 평가는 재산을 모으는 데 도움이 될 수 있다.[78]

재산보다 위신을 선호하는 것은 바보들이나 할 짓이다. 재산을 모으라는 충고가 필요없을 정도로 재산의 가치는 우리 시대에 보편적인 인정을 받고 있다. 재산과 비교하면 평판은 대단한 휘발성을 갖고 있다. 평판이란 기본적으로 다른 사람들이 하는 생각이다. 그 직접적인 가치는 불확실하며, 그 기반은 우리의 허영이다. 때로 우리는 평판을 무시해야만 한다. 그러나 평판의 간접적인 가치는 대단히 클 수도 있다. 왜냐하면 우리의 재산과 우리 신변의 안위가 종종 평판에 따라 좌우되기 때문이다. 이 점에서 재산과 평판은 구분되어야 한다.

위신이나 평판, 즉 우리에 대한 다른 사람들의 생각이 우리의 행복에 비본질적이라는 것은 첫눈에 드러난다. 따라서 자만과 허영은 덧없는 것이다. 그럼에도 여기에 큰 가치를 두는 것이 인간의 본성이다. 다른 사람들이 좋게 평가하는 기색을 알아차리거나 어떤 식으로든 허영심이 흡족해지면, 누구나 내심 무척 기뻐한다. 어떻게 그렇게까지 좋아할 수 있는 것인지 거의 이해할 수 없을 정도이다. 나아가서 사람들은 자기가 못나고 재산이 없거나 불행한 일을 겪고 있을 때에도 다른 사람들이 보내는 갈채에서 종종 위안을 얻는다. 반대로 다른 사람들이 냉대하거나 과소평가하거나 자만심을 손상시키면, 몹시 고통스러워한다. 어떻게 그렇게까지 괴로워할 수 있는 것인지 놀라울 정도이다. 이러한 본성에 바탕을 두고 있는 것이 체면이라는 감정이다.[79] 이 감정은 절제된 행동을 촉진할 수도 있다. 즉, 도덕성의 대용품 노릇을 할 수 있을 것이다. 그러나 생각이 있는 사람이라면, 누군가가 아부를 하든 모욕적인 행동을 하는 간에 이 감정을 되도록 억제하는 것이 좋다. 아부와 모욕은 서로 연관되어 있기 때문이다. 이 감정을 억제하지 못하면, 다른 사람들의 생각에 예속된 서글픈 노예 신세를 벗어나지 못한다. "공명심을 짓

밟거나 부추기는 짓만큼 성가시고 답답한 것이 또 있겠는가!"〔호라티우스, 《서한집》〕

명성, 즉 좋은 평가를 위해서는 누구나 노력해야 한다. 그러나 지위는 국가를 위해 봉사하는 사람들만이 얻고자 해야 한다. 그리고 보다 높은 의미의 명예를 위해서는 극소수의 사람들만 노력하는 것이 좋다.

1) 삶의 원칙 49를 보라.

2) 이 문단의 대안 : 즉, 나는 여기에서 지고하고 참된 형이상학적 · 윤리 적 관점을 제외하고 있다. 따라서 인간의 삶을 그러한 관점에 따라 평 가하지도 않는다. 여기에서 나는 생래적 의식의 경험적 관점에서 출 발한다. 생래적 의식이란 삶을 목적 그 자체로 간주하기 때문에, 가장 편안한 방식으로 삶을 영위하고자 하는 의식을 말한다. 이전의 메 모 : 이 모든 논의는 눈의 원근 조절과 같은 조정과 적응에 기반을 두 고 있다. 그러므로 그 가치는 상대적이다. 다음으로 이 논의는 완벽함 을 요구하지 않는다. 그렇지 않다면 나는 다른 사람들이 했던 모든 말 을 수집해야 했을 것이다. 아리스토텔레스의 《수사학 Rhetorica》 1장 5절에는 간략한 행복론이 담겨 있지만, 지루하고 무미건조한 잡담의 대표적 사례이다. 마치 볼프가 쓴 글처럼 보인다(볼프는 라이프니츠 의 철학을 체계화한 독일 계몽주의 시대 철학자 : 역주).

이후 〈2절판 노트〉 270절로 이어짐.〔이것은 이 책 후미에 수록되어 있는 〈행복론〉의 새로운 서문 초안을 말한다〕

3) 〔수정을 위한 메모〕 그러나 평범한 인간은 그렇게 살 수 있을 만큼 충 분한 결단력을 갖고 있지 못하기 때문에, 또 이 방법이 결코 외관상의 행복이 아닌 진정한 행복으로 인도하지 못하기 때문에 배제해야 한 다.

4) 예전의 〈2절판 노트〉 270절〔이 책 뒷부분의 〈행복론〉 새로운 서문 초
   안〕.

5) 〔이어지는 다음의 주석은 원문에서 줄로 그어 삭제되어 있다 : 〕(왜냐
   하면 그 밖의 동물적 본성이나 잠재적 본성에 대한 논의는 이 본성들
   이 우리 자신에게 반작용을 나타낼 때에만, 그래서 첫 번째의 규칙과
   관련하여 분석할 수 있을 때에만 가능하기 때문이다.)
   〔또한 이 곳의 여백에는 이렇게 적혀 있다 : 〕 3) 세상사에 대한 〈규칙
   들〉

6) 〈4절판 노트〉〔1826년〕, 108절. 〔쇼펜하우어, 《수기 유고》, 제3권, 238
   ~239쪽('삶의 원칙 13'을 보라 : 역주)〕

7) 〔실러의 시 〈체념 Resignation〉의 서두에 대한 풍자.〕

8) 〈수첩〉 98절에서 발췌. 〔쇼펜하우어, 《수기 유고》, 제3권, 176쪽〕

9) 〔〈수첩〉 57절에서 발췌 : 쇼펜하우어, 《수기 유고》, 제3권, 163쪽. 이
   문단 옆 여백에 쇼펜하우어는 "〈행복론〉을 위한 메모"라고 기록하고
   있다. 해당 구절은 편자의 추정에 따라 삽입되었다.〕

10) 〔《의지와 표상으로서의 세계》, 제4부, 55절, 357~362쪽〕

11) 〔《의지와 표상으로서의 세계》, 4권, 55절의 방주를 말한다. 이 글은
    수정되어 〈삶의 지혜를 위한 잠언〉의 3장 앞 부분에 삽입되었다.〕

12) 〔《의지와 표상으로서의 세계》, 4권, 57절의 방주를 말한다. 〈삶의 지
    혜를 위한 잠언〉, 2장(《소논문과 단상들》, 1권, 347쪽)을 참고하라.〕

13) 〔《의지와 표상으로서의 세계》, 제4부, 55절, 357-362쪽 참고(삶의
    원칙 3을 보라 : 역주)〕

14) 〔쇼펜하우어, 《수기 유고》, 제3권, 238~239쪽〕

15) 셰익스피어, 《끝이 좋으면 다 좋은 것》, 3막 2장 : "기쁨과 슬픔이 삽
    시간에 뒤바뀌는 경우를 나는 숱하게 겪어보았다네. 그리하여 이제
    는 둘 중 어떤 감정이 찾아올지라도 여인네들처럼 즉각 휩쓸리는 법
    이 없다네."

16) 〈수첩〉 98절에서 발췌. 〔쇼펜하우어, 《수기 유고》, 제3권, 176쪽. 삶
    의 원칙 1이 여기에서 다시 채택되어 있다.〕

17) (삶의 원칙 22를 보라.)

18) 〔"상상력을 억제하라. (……) 상상력은 이 어리석은 사람들을 살던 집에서 처형해버리는 사형집행인이 될 것이다." 발타자르 그라시안, 《세상을 보는 지혜》, 24절〕

19) 삶의 원칙 15에 덧붙임.

20) 또한 득과 실에 대한 우리의 판단은 우리 자신을 매우 잘 속이기 때문이다. 흔히 사람들은 훗날 대단히 좋은 결과를 가져올 일 때문에 괴로워하고 탄식하는가 하면, 번민의 근원이 될 일을 두고 희열을 느끼기도 한다.
    〔지롤라모 카르다노(르네상스기의 이탈리아 수학자, 의사 겸 자연철학자 : 역주)의〕《역경의 유용성에 관해》를 보라.

21) 삶의 원칙 14를 참고하라.

22) 삶의 원칙 10을 보라.

23) 〈2절판 노트〉 270절 〔이 책 후미에 수록된 〈행복론〉의 새로운 서문 초안〕을 보라.

24) 삶의 원칙 9에 덧붙임.

25) 〔볼테르, 마르키 드 플로리안에게 보내는 서한, 1774년 3월 16일〕

26) 〈이삭 줍기〉, 37절 : 〈오직 '자신의 고유한 생각'만이 진실을 담고 있고 삶을 내포한다. 왜냐하면 우리는 이 고유한 생각만을 완전히 이해하기 때문이다. 책에서 얻는 다른 사람들의 생각은 그들이 소화한 다음 배출한 배설물이다.〉〔쇼펜하우어, 《수기 유고》, 제4-1권, 255쪽〕

27) 〔"불행을 벗어나고자 하는 사람은 언제나 자신이 원하는 바를 알고 있지만, 자신이 갖고 있는 것보다 더 나은 것을 원하는 사람은 앞을 보지 못한다." 괴테, 《친화력》, 1부 2장의 말미.〕

28) 삶의 원칙 17을 보라.

29) 이와 관련해서 삶의 원칙 34를 보라.

30) 〈2절판 노트〉 273절에서. 〔쇼펜하우어, 《수기 유고》, 제3권, 387~388쪽 참조.〕

31) 〈2절판 노트〉, 145절 : 〈우리에게 삶은 '현실'이 아닌 '문학'을 통해 먼저 알려진다. 문학 속에 묘사된 장면들은 우리 자신의 청소년기, 그 아침의 붉은 여명을 받으며 우리 앞에 떠오른다. 그리고 그것의 '실현'된 모습을 보고 싶다는 강렬한 동경이 우리를 사로잡는다. 이 동경은 우리를 몹시 현혹시킨다. 왜냐하면 그것은 어디까지나 형상일 뿐 '현실'이 아니기 때문이다. 또한 그것을 바라볼 때마다 우리가 순수 인식의 만족과 안정을 얻기 때문이다. 이런 이유로 그 형상들은 매혹적인 것이 된다. 실현된다는 것은 의지와 뒤섞여 용해된다는 것을 뜻하는데, 이 의지는 피할 수 없는 고통을 초래한다. 무엇이든 '바라보기'에는 아름답지만, '그런 상태로 있기'에는 고통스럽다. "생활 속에서는 불쾌하게 느껴지는 것을 / 형상 속에서는 기꺼이 즐긴다." 〔괴테, "비유"를 위한 좌우명, 전집, 바이마르, 1887/1919, 제1권, 327쪽 (격언집)〕〕〔쇼펜하우어, 《수기 유고》, 제3권, 295쪽〕

32) 〈여행기〉 142절 참조 : 〈인생의 전반기의 특징이 행복을 향한 동경이라면, 후반기의 특징은 불행에 대한 우려이다. 행복을 향한 동경이 한 번도 충족되는 적이 없다면, 불행에 대한 우려는 너무나 자주 현실화된다. 그러므로 두 시기 다 불행하다. 내 젊은 시절에는 문을 두드리는 소리나 벨 소리가 들리면 즐거웠다. 마침내 행복이 찾아왔다고 생각했기 때문이다. 지금은 문을 두드리는 소리가 들리면 가슴이 철렁한다. "오고야 말았구나!"라고 생각하기 때문이다.

이런 차이는 경험 때문이다. 우리가 인생의 후반기에 이르면, 온갖 행복은 허상에 불과하지만 불행은 현실이라는 것을 경험이 우리에게 가르쳐준다.〉〔쇼펜하우어, 《수기 유고》, 제3권, 58쪽〕

23절 참조 : 〈인생의 후반기는 음악의 완전 악장에서 후악절과 비슷하다. 지향성이 감소하는 반면, 더 많은 평온과 안정이 담겨 있다.〉 〔쇼펜하우어, 《수기 유고》, 제3권, 8쪽〕

33) 이와 관련해서 삶의 원칙 40을 보라.

34) 〔에픽테투스(그리스의 스토아주의 철학자 : 역주)의 생활 규범이다. 아울루스 겔리우스, 아티카의 밤, 제17권〕

35) 이와 관련해서 삶의 원칙 36을 보라.

36) 이와 관련해서 삶의 원칙 24를 보라.

37) 〔하인리히 3세 시대 프랑스에서 널리 보급되었던 공잡기 놀이〕(빌보케는 끝이 뾰족한 작은 방망이에 구멍 뚫린 나무공을 끈으로 매달고, 이 나무공을 허공에 내던졌다가 뾰족한 방망이의 끝에 끼워 받는 놀이로 숙련을 요한다 : 역주)

38) 〔삶의 원칙 31부터 35까지는 "행복론의 연속"이라는 제목으로 〈메모집〉 89절에 수록되어 있다. : 쇼펜하우어, 《수기 유고》, 제3권, 514∼516쪽〕

39) 카르다누스(지롤라모 카르다노 : 역주)의 《역경의 유용성에 관해》, 그리고 베이컨의 《운명의 장인》과 비교해보라.

40) 삶의 원칙 31의 내용에 이어짐.

41) 그 예는 《약혼들》〔전2권, 브뤼셀, 1836〕 제1권 115쪽에서 찾을 수 있다. 〔쇼펜하우어는 이 소설의 7장에서 돈 로드리고가 크리스토포로 형제와 다툰 뒤에 취한 태도를 염두에 두고 있다.〕(《약혼들》은 이탈리아의 작가 알레산드로 만초니(1785∼1873)의 작품이다 : 역주)

42) 덧붙이자면 이 점에 관한 훨씬 더 차원 높은 학설이 있다. 운명론과 관련된 이 소견에 따르면, 후자의 요인, 즉 우리의 결정은 우리의 의식적 행위이고 전자의 요인, 즉 사건은 우리의 무의식적 행위이다. 누구나 알고 있듯, 꿈 속에서는 그렇다. 그러나 실제 삶에서도 역시 그렇다는 주장은 소수만이 이해할 수 있을 것이다. 꿈은 삶의 머리글자를 뽑아 만든 문자이다.

43) 이와 관련해서 삶의 원칙 23을 보라.

44) 삶의 원칙 42에 덧붙임.

45) 〔삶의 원칙 37을 제외한 36부터 50까지는 "행복론의 연속"이라는 제목으로 〈메모집〉 215절에 수록되어 있다. ; 쇼펜하우어, 《수기 유고》, 제3권, 596∼601쪽〕

46) 이와 관련해서 삶의 원칙 35와 42를 보라.

47) 〈명상록〉, 18쪽. 〔자필 원고에서 옮겨 적은 이 글은 아직 출판된 적이 없음.〕

48) 〔여백의 메모〕그는 항상 미래에 쓸 것을 현재에서 빌려준다. 그러나 경박하고 우매한 자는 늘 현재에 쓸 것을 미래에서 빌려오기 때문에, 미래는 파산하게 된다.

49) 〈2절판 노트〉270절 〔이 책 뒷부분의 〈행복론〉새로운 서문 초안〕을 보라.

50) 〈명상록〉, 361쪽 : 〔자필 원고에서 옮겨 적은 이 글은 아직 출판된 적이 없음.〕〈어떤 사람이 내적으로 어떤 존재이며 무엇을 갖추고 있느냐는 것, 즉 그 사람의 인격과 가치는 그 사람의 행복과 직결되어 있는 유일한 요소이다. 다른 모든 것은 간접적으로 연관되어 있으며, 그러므로 결국 행복에 영향을 미치지 못할 수도 있다. 그러나 인격은 그렇지 않다. 따라서 이 점이 인식되면, 특별한 시기심을 불러일으킬 수도 있다. 〔여백의 메모 : "가장 고귀한 행복은 인격이다." 괴테, 《서동시편》참고.〕〉

51) '누구나' 결국은 끊임없이 '자기 자신에게 되돌아가야' 한다는 괴테의 말(《시와 진실》, 제 3권, 474쪽)은 분명한 진실이다. 그런데 이 말에 비추어 보면, 당시 이 '천재'도 얼마나 많은 것을 예견하지 못한 채 살았던가? 다른 한편으로 "모든 어리석음은 스스로 불쾌해지게 된다."라는 세네카의 말(《도덕 서한》)도 있다. 한 사람의 '존재', 즉 개성은 매순간 영향을 미치는 반면, 그 사람의 '재산' 또는 '명성'은 때때로 영향을 미칠 뿐이다. "왜냐하면 본성은 믿을 수 있지만, 돈은 믿을 수 없기 때문이다〔아리스토텔레스, 《에우데무스 윤리학》〕." 만약 이러한 본성을 타고난 사람이 있다면, 이제 그의 행복을 위해서는 단 하나의 중요한 문제가 남는다. 과연 그가 이러한 천재성을 위해서 살 수 있게 될 것인가? 다시 말하자면, 그가 하루도 빠짐 없이 자기 자신으로서 사는 데 필요한 건강과 교양과 여가가 평생 동안 생기겠는가? 그렇지 못하면, 그는 불행하다. 그러나 만약 그렇다면, 그는 가능한 최대의 행복을 누리게 된다. 이 우울한 세계에

서 사람이 행복해질 수 있는 한계가 있다면, 아마도 그는 그 한계만큼 행복하게 될 것이다. 샹포르는 말했다 : "행복하기란 쉬운 일이 아니다. 우리의 내면에서 행복을 찾기는 어렵다. 다른 곳에서 찾기는 불가능하다."〔샹포르(프랑스의 극작가 : 역주), 《전집》, 제4권, 〈인물과 일화들〉, 파리, 1795년〕 그가 무엇을 갖고 있고 무엇을 갖고 있지 못한가의 문제는 어디까지나 부차적이고 보조적인 요소이다. 칭찬과 명예도 여기에 속한다. 현명해진 사람은 행복이 오직 '내가 나 자신에게 무엇인가'에 달려 있으며, 결코 '다른 사람들이 나를 어떻게 생각하는가'에 달려 있지 않다는 사실을 통찰하게 된다. 그는 다른 사람들의 생각이 미치는 간접적인 영향에서 벗어난다.〔쇼펜하우어, 《수기 유고》, 제4-1권, 219쪽〕

52) 〈명상록〉, 45절 운명론에서(이보다 전에 어느 곳엔가 더 잘 기록되어 있음). 삶의 원칙 41과 연관되어 있음.〔쇼펜하우어, 《수기 유고》, 제4-1권, 20~21쪽〕

53) 〔〈인간 의지의 자유에 관하여〉, 3장, 후미를 참조하라.〕

54) 마치 우리가 읽는 소설 속의 사건들처럼, 미리 결정되어 돌이킬 수 없는 일로 인정하는 것을 말한다.

55) 〔다음 구절은 원문에서 줄로 그어 삭제되어 있다 : 〕 그렇지만 이것은 진리 여부를 실증할 수 없는 전적으로 선험적인 관점이다. 이어지는 내용은 진리의 외적인 현상과 마찬가지로 순수한 논리적 진리이다.

56) "실현되고 있는 것만이 가능했던 것이다. 또한 모든 현실적인 것은 필연적인 것이기도 하다." 키케로, 《운명론》.

57) 〔쇼펜하우어는 《순수이성 비판》의 초판(하르트크노흐 출판사, 리가, 1781)에 쪽수를 매겼거나, 1787년의 2판과 동일한 1799년의 5판(하르트크노흐 출판사, 라이프치히)에 의거해서 전거를 제시한다.〕

58) 〔〈명상록〉의 내용 가운데 { }속의 부분은 《의지와 표상으로서의 세계》 중 〈칸트 철학의 비판〉에서 발췌되었다.〕

59) 삶의 원칙 25에 덧붙임.

60) 〔〈수첩〉 58절 ; 쇼펜하우어, 《수기 유고》, 제3권, 163쪽. 이 문단은 "행복론을 위해 메모된" 것이며, 편자의 추정에 따라 이곳에 삽입되었다.〕

61) 이와 관련해서 삶의 원칙 35와 36을 보라.

62) 삶의 원칙 35를 보라.

63) 삶의 원칙 50을 보라.

64) 〔장-에티엔느 도미니크 에스퀴롤(1772~1840), 정신과 의사로서 정신 질환에 대한 수많은 논문을 집필했다.〕

65) 이와 관련해서 삶의 원칙 45(처음의 두 문장 : 역주)를 보라.

66) 〈2절판 노트〉 260절에서. 〔쇼펜하우어, 《수기 유고》, 제3권, 377~379쪽〕

67) 이것이 행복론의 제1절이어야 할 것이다.

68) 〈2절판 노트〉 221절 여백에서. 〔쇼펜하우어, 《수기 유고》, 제3권, 346~348쪽〕

69) 〈2절판 노트〉 270절에서. 〔쇼펜하우어, 《수기 유고》, 제3권, 383~386쪽〕

70) 아리스토텔레스는 재산을 외부의 재산, 영혼의 재산, 육신의 재산으로 구분한다. 《니코마코스 윤리학》, 제1권.

71) 나아가서 '천재적 재능'의 장점들을 능가하는 요소도 여기에 속한다. 〈금언집〉, 131절. 〔쇼펜하우어, 《수기 유고》, 제4-1권, 206~208쪽〕

72) "우리에게 위안을 주는 것은 사물이 아니라 사물에 대한 생각이다." 〔에픽테투스, 《안내서》〕

73) 이와 관련해서 삶의 원칙 38을 보라.

74) 소크라테스, 호라티우스 〔쇼펜하우어는 소크라테스가 즐비하게 놓여 있는 사치품들을 보고 했던 말과 호라티우스의 시구를 넌지시 인용하고 있다. 소크라테스 : "나에게 없어서 아쉬운 것은 얼마나 되겠는가!"; 호라티우스 : "상아, 대리석, 패물, 에트루리아의 조각과 그림들, / 순은 집기와 알제리의 자색 염료로 물들인 예복들, / 많은 사람들이 갖고 싶어하는 것들이지만, 몇몇 사람은 사고 싶어하지 않는

다."(호라티우스, 《서한집》)]

75) "지금의 그대가 마지막 순간의 그대이다. / 수백만 가닥으로 만든 가발을 쓰고, / 다리에 길다란 양말을 신어도 : / 그대는 언제까지나 지금의 너 그대로이다." 괴테, 《파우스트》.

76) 〈메모집〉 299절을 참고하라 : 〈우리는 종종 '다른 사람이 보는 우리'에 비해 '우리 자신이 보는 우리'의 가치가 어느 정도인지를 정확히 평가하는 일에 게으르다. '다른 사람이 보는 우리'의 영역에는 온갖 이점과 체면, 갈채 그리고 명예가 자리잡고 있다. 그러나 '우리 자신이 보는 우리'에는 '충족'만이 있을 뿐이다. 우리 자신의 삶에 주어진 시간은 약간의 보잘것없는 생각들로 초라하고 빈곤하게 채워지기도 하고, 많은 위대한 생각들로 풍성하게 채워지기도 한다. 또한 여기에는 건강과 질병, 구속과 자유 또는 부와 빈곤이 영향을 미친다. 그러나 이 모든 일들이 일어나는 장소는 '우리 자신의 의식'이다. 반면 '다른 사람이 보는 우리'의 장소는 '다른 사람의 의식'이며, 그 의식 속에 나타나는 우리의 표상이다. 이것은 우리와 직접적인 관계에 있지 않다. 단지, 우리에 대한 다른 사람들의 태도를 결정한다는 점에서 간접적인 관계에 있을 뿐이다. '다른 사람이 보는 우리'는 '우리 자신이 보는 우리'에 영향을 미칠 때에만 관심사가 된다. 그 밖에 다른 사람의 의식 내부에서 나름대로 무슨 일이 일어나고 있는지에 대해 우리는 무관심하다. 그럼에도 경험이 가르쳐주는 사실은 다르다. 즉, 사람들은 대부분 다른 사람의 의식에서 일어나는 일에 최고의 가치를 부여하며, 자기 자신의 의식에서 일어나는 일보다 더 많은 관심을 갖는다. 또한 전자를 자기 존재의 '현실적인' 부분으로, 후자를 단지 '관념적인' 부분으로 간주한다. 그러나 실제는 이와 정반대이다. 우리에게는 '우리 자신'의 의식에서 일어나는 일들이 최고의 '현실성'을 갖고 있다. 다른 사람의 의식에서 일어나는 일들은 우리에게 '관념적'일 뿐이다. 이제 '다른 사람이 보는 우리'의 가치를 평가해보자. 이것은 사람들이 '자만'이나 '허영'이라고 부르는 바로 그 어리석음이다. 사람들이 붙인 명칭에서 알 수 있듯, 이것을 향한

145

노력은 허망하다.

반면 일정 시점에 우리의 의식을 채우고 있는 생각, 즉 '우리 자신이 보는 우리'는 그 자체로도, 그리고 우리에게도 최고의 가치를 갖는다. 왜냐하면 그 시점에는 그것이 우리의 전부이기 때문이다. 다른 사람의 의식 속에 우리와 관련된 생각이 어떠한지를 우리가 알고 있다는 것은 우리에게 별다른 가치를 갖지 않는다. 단지 그 생각은 다른 사람의 행동을 조율할 뿐이며, 우리 자신의 의식에 간접적 영향을 주는 외부의 상황을 결정할 뿐이다. 이 점만 보아도 '다른 사람이 보는 우리'가 미치는 영향은 부차적이고 종속적이다. 중요한 것은 정신에 담긴 고유하고 독창적인 생각이다. 어떤 상황에서든 결정적인 것은 바로 이 생각이며, 외부의 어떤 것도 이 생각에 대해 강제적인 힘을 가하지 못한다.

'다른 사람이 보는 우리'를 '우리 자신이 보는 우리'에 비해 과대평가하는 것은 간접적으로 가치 있는 것을 직접적으로 가치 있는 것보다 과대평가하는 것이다. 그러므로 이 점에서는 수단에 집착하여 목적 자체를 잊어버리는 것과 같다. 이런 현상은 아주 빈번하게 일어나며, 그 중의 하나가 '탐욕'이다.〕〔쇼펜하우어, 《수기 유고》, 제3권, 653~654쪽〕 이 점에 관해서는 삶의 원칙 24와 38을 참고하라.

77) "어떤 사람과 비교해서 자신을 높게 평가할 수 있다는 것이야말로 모든 환희, 모든 유쾌함의 원천이다."〔홉스, 《시민권에 대하여》〕

78) 이와 관련해서 삶의 원칙 47을 보라.

79) (《이삭 줍기》 188쪽의 성적(性的) 명예에 관한 글을 보라).〔제시된 곳에서 전혀 다른 소재가 다루어지기 때문에, 이 전거는 잘못된 것이다. 〈메모집〉의 〈명예에 관한 논문 초안(1828)〉을 보라. 이 글의 한 단원이 성적 명예에 관한 것이다. 쇼펜하우어, 《수기 유고》, 제3권, 478~480쪽과 164쪽 참고.〕

1. 지금까지 숨어 있던 실천 철학의 소책자

잘 알려져 있듯이 쇼펜하우어에게 명성을 안겨준 것은 주저 《의지와 표상으로서의 세계》(1819년)가 아니라 훗날의 대중적인 철학적 소논문집 〈소논문과 단상들〉(1851년)이었다. 여기에 수록된 글 중에서는 특히 〈삶의 지혜를 위한 잠언〉이 뛰어나다. 물론 그가 소논문 형식을 애호하고 삶의 실천적 지혜에 관심을 가진 것이 노년의 일은 아니다. 그러한 경향은 이미 상당히 젊은 시절의 저작에서도 찾아볼 수 있다.

특히 베를린에 체류하던 시절, 젊은 강사로서 헤겔에 맞서 강좌를 개설했다가 실패한 뒤 콜레라가 발병한 프로이센의 수도를 떠날 때까지 쇼펜하우어는 즐겨 소논문들을 집필했다. 이 소논문들은 자신의 삶에 활용하려는 명확한 의도에서 작성된 것이어서 출판되지는 않았다. 그 중 가장 유명한 것이 훗날 그의 유고에 바탕을 두고 〈논쟁술의 변증법〉 또는 〈정당성의 유지를 위한 기법〉이라는 이름으로 편집된 소논문이다.[1] 이 논문에는 진리의 문제를 떠나 토론과 대결 자체의 효과적 수행을 위한 38가지 기법이 실려 있다. 즉, 그 기법들은 진리든 아니든 하나의 주장을 논쟁에서 이길 수 있게 하는 마키아벨리적 술책들이다.

물론 이 논문이 쇼펜하우어가 소논문 형식으로 쓴 유일한 글은 아니다. 그는 계속해서 같은 형식의 짧은 논문들을 저술했다. 그러다가 마침내 〈논쟁술의 변증법〉처럼 제반 규칙들을 정리하여 배열하는 방식의 실천 철학에 관한 소책자를 구상하고 집필에 착수했다. 이것을 그는 행복론 또는 행복학이라고 불렀다. 말 그대로 하자면 '행복에 관

---

1) 이 논문은 1864년 프라우엔슈테트(《쇼펜하우어의 수기 유고(受記 遺稿)》, 브로크하우스 출판사), 1892년 그리제바흐(《쇼펜하우어의 수기 유고》, 제2권, 레클람 출판사), 1923년 모크라우어(《쇼펜하우어 전집》, 도이센 편, 제4권, 피퍼 출판사), 그리고 1970년과 1985년에 휩셔(《수기 유고》, 제3권, 크라머 출판사와 DTV 출판사)에 의해 편집되었다. 편자에 의해서는 이탈리어판(18판)이 1998년 아델피 출판사에서, 독일어판(2판)이 1997년 인젤 출판사에서 출간되었다.

한 이론'이며, 뜻을 따르자면 '행복을 위한 비결'이라고
할 수 있다. 이 논문은 지금까지 사람들의 이목을 끌지 못
한 채 유고 속에 숨어 있던 소중한 보석 같은 저작이다.

그렇다면 이 저작은 왜 별다른 관심을 끌지 못했을까?
한 번만 보아도 뛰어난 가치를 알아볼 수 있는 이 논문,
모든 사람의 소중한 애독서가 될 만한 이 소책자에 대한
무관심은 어떻게 설명될 수 있을까?

사실 염세주의의 거장으로부터 선뜻 행복을 위한 조언
을 얻으려는 사람은 없을 것이다. 바로 이것이 무관심의
이유가 아니었을까? 아무도 쇼펜하우어의 유고에서 행복
의 비결을 찾아보려 하지 않았다 해도 그리 놀랄 일은 아
니다. 쇼펜하우어의 인간상에 드리워져 있는 음울한 염세
주의를 감안한다면, 행복의 비결에 관한 그의 초안은 필
연적으로 간과될 수밖에 없었을 것이다. 언제인지 정확하
지는 않지만, 쇼펜하우어가 논문의 집필을 위해 생활 규
범과 원리 그리고 각종 메모들을 기록하기 시작했다는 것
은 분명한 사실이었다. 그럼에도 그의 행복론은 결국 경
시되었다. 또한 훗날 성공을 거둔 〈삶의 지혜를 위한 잠
언〉에 의해서는 형이상학적 염세주의가 삶의 행복을 위한
노력에 장애가 되지 않는다는 사실이 드러났다. 그럼에도

불구하고 정작 행복한 삶을 위한 그의 어록 자체는 여전히 주목을 끌지 못하고 말았다.

쇼펜하우어의 소책자가 사람들의 눈에 띄지 않은 또 하나의 보다 중요한 원인은 그것이 완결되지 못했다는 점이다. 〈정당성의 유지를 위한 기법〉이 초고 단계에서 이미 완성 상태였던 데 비해, 〈행복을 위한 비결〉은 편집 도중의 산만하고 미흡한 상태로 중단되어 방치되었다. 서로 다른 시기에 기록된 50항목의 생활 원칙들은 유고를 토대로 발간된 수많은 편찬서의 여러 장과 절에 산재되어 있다. 따라서 이 소책자의 전체적인 형상을 조망하기 위해서는 우선 그 기록들을 재구성해야만 한다. 즉, 부분적인 기록들을 추려내고 끼워 맞춰야 한다는 뜻이다. 그 다음 지금까지 출간된 유고에 수록되어 있지 않은 몇몇 원칙들은 쇼펜하우어의 자필 원고에서 찾아내야 한다. 그런데 그가 이 소논문의 집필을 위해 채록해둔 메모들은 〈삶의 지혜를 위한 잠언〉 중 '경구와 원칙들'로 이루어진 제5장의 저술에도 충분히 활용되었다. 이 점까지 고려한다면, 쇼펜하우어의 '행복을 위한 비결'이 이제까지 아무런 관심도 끌지 못했던 본질적인 이유가 확연히 드러나게 된다.

2. 구상과 집필

쇼펜하우어는 어떻게 삶의 지혜와 실천 철학에 관심을 갖게 되었을까? 그가 인간의 행복이라는 문제를 앞에 두고, 행복해지기 위한 방법에 관해 심사숙고하게 된 동기는 무엇일까?

쇼펜하우어의 근본적인 염세주의는 그 자신의 철학과 행복에 관한 사상의 접합을 위한 온갖 시도의 싹을 시들게 한다. 그가 보기에 행복이란 인간에게 불가능한 목표였다. 인간의 삶에 적용된 '지고한 행복'이란 개념도 그의 염세주의적 형이상학의 관점에 따르면 미사여구에 불과했다. 이 점을 그는 감추려 하지 않았다. 〈행복론〉의 말미에서 철학자는 다음과 같이 솔직하게 토로한다.

"'행복한 삶'이란 이렇게 정의될 수 있을 것이다. 즉, 순수 객관적인 관점에서는, 또는 (이 점에서는 주관적인 판단이 중요하므로) 냉정하고 성숙한 시각으로 성찰한다면, '행복한 삶'이란 아예 살지 않는 것보다는 단연 나은 것이라고 할 수 있을 것이다. 이러한 개념 정의를 토대로 말하자면, 우리는 단지 죽음이 두려워서가 아니라 행복 그 자체 때문에 행복한 삶에 집착한다. 그렇다면 또한 우리는 행복이 무한히 지속되기를 원한다. 인간의 삶이 그러한 삶의 개념에 상응하는가 또는 상응할 수 있는가의 문제에 대해 나의 철학은 주지하다시피 아니라고 명시한다."

그러나 쇼펜하우어는 이렇게 덧붙이고 있다.

"그럼에도 불구하고 행복론은 그에 대한 즉각적인 긍정을 전제로 성립한다."[2]

달리 말하자면, 철학 체계와 삶의 실천적 지혜는 별개라는 것이다.

따라서 처음부터 모든 희망을 버리면 안 된다. 실천적 지혜에서 얻어지는 삶의 원칙과 규범 그리고 조언들을 활용함으로써, 삶이 우리에게 부과하는 지겨운 역경과 불행을 극복하고자 노력해야 한다. 물론 쇼펜하우어는 인간의 삶이 고통과 권태 사이를 왕복하며, 그러므로 이 세상은 비탄의 수렁일 뿐이라고 확신한다. 그러나 그는 이와 같은 비관적 확신에서 출발하여, 우리에게 우리의 어머니, 즉 자연이 제공해준 요긴한 도구를 사용하라고 권한다. 그 도구란 곧 창의력과 실천적인 지혜를 가리킨다. 말하자면 완벽한 행복은 원래 불가능할지라도 고통의 부재라

---

2) 쇼펜하우어, 《수기 유고 Der handschriftliche Nachlaß》, 휩셔 편, 전 5권, 크라머 출판사, 1966~1975, 제3권, 600쪽.

는 상대적 행복은 가능하다는 희망을 가져야 한다. 그리고 운명의 시험이나 불행의 방지에 유용한 행동 규칙과 생활 원칙들을 찾아내야 하는 것이다.

이런 맥락에서 여러 철학자들과 세계적인 작가들, 특히 프랑스와 스페인의 윤리학자들은 다양한 가능성의 광범위한 목록을 제시한다. 그들은 금언과 잠언을 통해 중대한 설교자 역할을 수행한다. 즉, 그들은 위로하고 충고하고 가르친다. 쇼펜하우어는 유사 이래 모든 위대한 철학자들 그리고 그리스와 로마의 위대한 예술가들을 집중적으로 탐구한다. 그럼으로써 그는 철학이 이론적 지식일 뿐만 아니라 생활의 형식이나 정신적인 수련으로도 가치가 있다는 점을 깨닫는다. 다시 말해, 그는 철학이 세상의 삶과는 거리가 있는 순수한 인식일 뿐만 아니라 실천적인 교훈이자 삶의 지혜로서도 중요하다는 것을 터득하기에 이른다. 그래서 그에게 철학적 사유는 '인식'뿐만 아니라 '활용'을 뜻하기도 한다. 즉, 철학적 사유는 이론인 동시에 '카타르시스'이고, 정화이며 삶의 순화이다. 그것은 인간이 몰락을 딛고 일어서서 세상을 향해, 의지를 향해 나아갈 수 있는 길을 개척하는 것이다.

쇼펜하우어는 비교적 일찍 실천적 삶의 지혜로서의 철

학적 전통에 주목했다. 이미 1814년에 26세의 이 사상가
는 다음과 같이 기록했다.

"모든 일에서 중도를 택하라는 '아리스토텔레스의 원
칙'은 도덕을 위한 원칙으로서 제시된 것이지만, 사실 도
덕적 원칙으로서는 적합하지 않다. 그러나 그 원칙은 최
고의 보편적인 지혜이자 행복한 삶을 위한 최선의 지침이
라고 할 수 있을 것이다."[3]

같은 해에 이 젊은 철학자는 삶의 지혜를 위한 규범들
의 바탕이 되는 근본적 직관을 거의 확정한다. 그 직관이
란 곧 행복이 단지 고통 없는 상태에 불과하다는 소극적
견해였다.

"오직 관조에서만 기쁨을 얻을 수 있고, 욕구는 온갖 고
뇌의 근원이기 때문이다. 그럼에도 육신은 인과율에 예속
되어 있기 때문에, 육신이 살아 있는 한 완전한 무욕은 불
가능하다. 육신에 영향을 미치는 모든 것은 필연적으로
욕구를 야기한다. 그렇다면 극단적인 금욕, 즉 굶어죽지
않는 한도 내에서 과연 어느 정도의 욕구가 불가피한지를
심사숙고해야 한다. 이것이 진정한 삶의 지혜이다. 인간

---

3) 앞의 책, 제1권, 81~82쪽.

은 그 한계에 근접할수록 더 진실해지고 자유로워진다. 나아가 인간은 이 제한된 욕구를 충족시켜야 하지만, 자신에게 그 이상의 소망을 허용하지 말아야 한다. 그리고 생의 대부분을 순수한 인식의 주체로서 자유롭게 살아야 한다. 이것이 곧 무욕과 자족의 원칙이며, 여기에 이론의 여지는 없다."[4]

이와 같은 철학적 기초에 이후의 자전적 동기들이 결합된다. 우리가 알고 있는 것처럼, 쇼펜하우어는 처음 베를린에 체류하던 시절 환멸로 인한 고통과 중압감 때문에, 삶의 지혜라는 문제를 실천적 관점에서 한층 더 집중적으로 성찰했다. 《의지와 표상으로서의 세계》는 초기에 성공을 거두지 못했다. 또한 그가 목표했던 학술적 경력은 당시의 강단 철학 및 헤겔과의 고집스럽고 비참한 대결을 거치면서 곧 좌절하고 말았다. 따라서 삶의 지혜가 제시하는 방법과 조언에 따라 그 자신의 불행과 번민을 완화할 필요가 있었던 것이다.

이러한 이유에서 쇼펜하우어는 자신의 삶을 위해, 또 저서의 집필을 위해 1822년부터 여러 사상가와 작가들의

---

4) 앞의 책, 127쪽.

격언, 원칙, 금언 그리고 생활 규범 등을 별도로 마련한 노트에 비교적 정기적으로 기록하기 시작했다. 나아가서 그는 행복의 비결을 행동 원칙의 목록 형식으로 정리하려 했는데, 이 구상과 관련된 사항들은 상당히 정확하게 추론할 수 있다. 우선 그 구상은 발타자르 그라시안의 《세상을 보는 지혜》와 대면하면서 태동했던 것으로 보인다.

쇼펜하우어가 저명한 스페인 어문학자 요한 게오르크 카일에게 보낸 1832년 4월 16일자 서한에 따르면, 그가 스페인 예수회의 수도사 겸 바로크 문학의 대가 그라시안을 알게 된 것은 그보다 몇 년 전의 일이었다. 이 서한에서 그는 《세상을 보는 지혜》를 번역하기 위해 카일에게 적당한 출판업자를 소개해달라고 부탁하고 있다. 또한 그는 자신이 1825년에 스페인어를 배웠으며, 이제 힘들이지 않고 칼데론의 작품을 읽을 수 있게 되었다고 말하고 있다. 이미 알려져 있듯, 이 무렵 그는 세르반테스와 로페 드 베가의 여러 작품을 통독하기도 했다. 같은 서한에서 쇼펜하우어는 카일에게 자신이 얼마 전 그라시안의 철학적 저작을 읽었으며, 이제 자신은 그의 애독자가 되었다고 밝혔다. 그 직후 그는 《세상을 보는 지혜》의 처음 50항목을 번역하여 출판업자 브로크하우스에게 보

냈다.[5]

그러므로 그의 구상에 따라 재구성된 〈행복을 위한 비결〉이 정확히 50항목의 원칙들로 이루어진 것은 우연이 아니다. 이 원칙들은 그라시안의 저작처럼 프랑스 문학 고유의 표현 형식을 따르고 있다. 격언이나 잠언, 또는 금언보다 분량이 약간 많은 쇼펜하우어의 성찰과 명상, 그리고 소견들은 본질적으로 교훈적인 충고와 권유, 또 지침으로 이루어져 있다.

삶의 원칙에 담긴 철학적인 내용에 관한 한, 쇼펜하우어와 그라시안의 비교 고찰을 시도해볼 수도 있을 것이다. 쇼펜하우어의 원칙은 수시로 그라시안의 지혜를 연상하게 하며, 몇 가지는 그라시안의 진술과 상통한다. 특히 직접 인용한 구절이나 'desengaño 각성'과 같은 표현들에 비추어, 쇼펜하우어의 행복론 집필에 그라시안의 저작

---

5) 카일에게 보낸 서신은 휩셔가 편찬한 부비에 출판사의 《서한 전집》 (1978)을 참고하라. 이후 1831년 가을부터 1832년 4월 중순까지 쇼펜하우어는 《세상을 보는 지혜》의 총 300항목을 완역했다. 그는 카일로부터 라이프치히의 출판업자 플라이셔를 소개받았지만, 실질적 조건에 대한 견해 차이로 출판이 성사되지 못했다. 번역 원고는 쇼펜하우어가 죽은 뒤 1862년 프라우엔슈테트가 편집하여 브로크하우스 출판사에서 간행되었다.

이 본보기가 되었음을 알 수 있다.

쇼펜하우어와 스페인 수도사 그라시안의 세계관은 대체로 비슷했다. 따라서 쇼펜하우어가 《세상을 보는 지혜》를 읽어가는 과정은 곧 그 자신의 사고 방식과 생활 방식의 타당성에 대한 점진적 확인 과정이기도 했다. 두 사람의 삶은 미혹을 벗어난 염세주의를 확고한 기반으로 삼고 있었다. 그 기반 위에 개인의 윤리와 삶의 지혜를 구축한 그들의 조언은 삶을 영위하는 데 필요한 지침을 제공하고 있다.

3. 논문의 집필과 재구성

베를린 시절의 쇼펜하우어는 그라시안을 본보기로 삼아 행복론에 관한 소책자를 저술할 의도로 메모와 기록을 수집하기 시작했다. 수집의 기준은 자유로운 연상이었다. 그가 21번째 삶의 원칙에서 설명하고 있듯, 우연으로 구성된 삶의 단편적 성격에는 그러한 기준이 잘 어울리기 때문이었다. 그는 온갖 역경에도 불구하고 자신의 삶을 행복하게 영위하는 데 도움이 되는 총 50항목의 원칙들을 정리할 예정이었다.

유고의 다양한 노트와 문서 뭉치들을 연대순으로 정리

하면, 그가 구상한 소책자의 모든 단편적 진술들을 찾아
내서 그의 생전에 성사되지 못했던 계획대로 엮어낼 수
있다. 독자들의 이해를 돕기 위해 본문과 참고 자료에 언
급된 원고 묶음들의 목록을 정리하면 다음과 같다.

1. 〈여행기 Reisebuch〉, 176쪽 분량, 1818년 9월에서 1822
년.

2. 〈2절판 노트 Foliant〉, 1부 (1~173쪽), 1821년 1월에서
1822년 5월.

3. 〈수첩 Brieftasche〉, 149쪽 분량, 1822년 5월에서 1824
년 가을.

4. 〈4절판 노트 Quartant〉, 177쪽 분량, 1824년 11월에서
1826년.

5. 〈2절판 노트 Foliant〉, 2부 (173~372쪽), 1826년 10월
에서 1828년 3월.

6. 〈메모집 Adversaria〉, 370쪽 분량, 1828년 3월에서 1830
년 1월.

7. 〈명상록 Cogitata〉, 1부 (1~332쪽), 1830년 2월에서
1831년 8월.

8. 〈콜레라서(書) Cholerabuch〉, 160쪽 분량, 1831년 9월

5일에서 1832년 가을.

9. 〈금언집 Pandectae〉, 1부 (1~44쪽), 1832년 9월에서 11월.

10. 〈명상록 Cogitata〉, 2부 (332~424쪽), 1832년 11월에서 1833년 11월.

11. 〈금언집 Pandectae〉, 2부 (44~371쪽), 1833년 11월에서 1837년.

12. 〈이삭 줍기 Spicilegia〉, 471쪽 분량, 1837년 4월에서 1852년.

13. 〈노년 문집 Senilia〉, 1852년 4월에서 1860년 9월 21일 (사망)

이 목록에 의하면 쇼펜하우어가 〈행복론〉을 어떤 식으로 구상했는지 추론할 수 있다.

1. 이미 1822년부터 1823년까지 작성한 〈수첩〉의 78~79쪽에서 2편의 단편적인 글이 발견된다. 한 편은 질시에 관한 글이며, 다른 한 편은 성격이 비관적 세계관과 낙관적 세계관에 미치는 영향에 관한 글이다. 쇼펜하우어는 이 두 편의 글이 〈행복론〉의 일부라고 여백에 적어두었다.

2. 1826년 10월 〈2절판 노트〉 2부의 174쪽부터 188쪽 사이에서 논문의 첫 작업분, 즉 처음 30항목의 원칙들을 찾아낼 수 있다. 그 중 몇 항목은 거의 확정되어 있지만, 그 밖의 항목들은 초안의 형태로 남아 있다. 그러나 각 항목에는 추후 작업을 계속하기 위한 메모들이 기록되어 있다.

3. 1828년 초 〈2절판 노트〉 2부의 362쪽부터 363쪽 사이에는 〈행복론〉을 위한 새로운 서문의 초안이 자리잡고 있다. 이 초안을 쇼펜하우어는 〈삶의 지혜를 위한 잠언〉의 집필에 활용했다고 한다. 그는 이 초안에서 아리스토텔레스의 진술에 근거를 두고 행복과 삶의 결정적 요인들에 관한 자기 견해의 주요 기준을 설정한다. 결정적인 요인들이란 인간의 인격과 소유 그리고 평판을 좌우하는 요인을 말한다.

4. 31번째 원칙부터 잠정적인 결말부까지의 나머지 분량은 〈메모집〉에 기록되어 있다. 31번째부터 35번째까지(160쪽부터 164쪽까지)는 1828년에, 36번째부터 50번째까지(269쪽부터 275쪽까지)는 1829년에 집필되었다.

50항목으로 이루어진 쇼펜하우어의 이 어록은 아직까지 간행된 적이 없다. 그러나 쇼펜하우어는 수집한 자료의 일부를 세심하게 편집해서 〈삶의 지혜를 위한 잠언〉의 제5장 '경구와 원칙들'에 수록했다. 이 점에서 이 책은 〈삶의 지혜를 위한 잠언〉의 원본으로 평가될 수 있다.

4. 구성과 편집

이 소책자에서는 우선 앞 절 2항과 4항의 자료에 해당하는 50항목의 원칙들이 원고의 게재 순서에 따라 배열되어 있다. 1항 두 편의 글은 상관성이 있다고 추정되는 지점에 삽입하고, 이 사실을 명기하였다. 이렇게 재구성된 논문에 3항, 즉 1828년에 쓰여진 새로운 서문 초안을 부록으로 덧붙였다.

텍스트는 아르투어 휩셔의 판본을 기준으로 삼았다 : 《수기 유고 Der handschriftliche Nachlaß》, 전5권(제4권은 2권으로 분권), 크라머 출판사, 1966∼1975년 ; 재인쇄본, DTV 출판사, 1985년.

몇 편의 단편적인 글들은 지금까지 어떤 판본에도 수록되어 있지 않기 때문에, 쇼펜하우어의 자필 원고에서 찾아 실었다. 슈톨베르크가 관장하고 있는 프랑크푸르트대학 도서관과 시립 도서관 부속 쇼펜하우어 문서실 측의 도움으로 이 원고를 이용할 수 있었다.

암시적으로 언급만 되어 있는 원칙들은 가능한 한 쇼펜하우어의 메모에 따라 그가 구상했던 상태로 완성되었다. 이를테면 인용을 하거나, 다른 곳에 기록된 진술을 삽입하거나, 《의지와 표상으로서의 세계》의 일부를 발췌하였다. 이렇게 보완된 텍스트들에는 꺾쇠 〈 〉 표시를 해두었다. 이때의 텍스트는 휩셔 편, 쇼펜하우어 전집, 전 7권, 브로크하우스 출판사의 1972년 3판을 참고하였다.

편자의 주해, 이를테면 개별 텍스트들의 전거나 외국어 인용의 번역 및 해당 문헌을 제시할 때에는 대괄호 〔 〕 표시를 해두었다. 쇼펜하우어는 자신이 암기하고 있는 고전적 사상가들의 글을 전거를 밝히지 않고 인용하고 있는데, 이는 그의 불찰이 아니라 그가 그 사상가들의 저작에 그만큼 능통하다는 사실의 표현이다. 따라서 그러한 인용은 원칙적으로 본래의 상태 그대로 두었다.

정서법과 구두점은 현재의 기준에 따라 신중하게 교정했고, 쇼펜하우어의 표기 방식이 일정하지 않을 경우에는 이를 통일하였다. 작가나 철학자들의 이름은 일반적인 표기법에 따라 (Göthe는 Goethe로, Wolf는 Wolff로) 바로잡았다. 밑줄 친 부분은 휩셔의 판본처럼 괄호 표시가 아니라 이탤릭체로 표기되었으며, 저서명도 이탤릭체로 표기

되었다.(역서에서는 밑줄친 부분은 이탤릭체 대신 큰따옴표를, 저서명에는 꺾쇠를 사용했다 : 역주)

이렇게 재구성된 이 책은 이탈리어판이 1997년 밀라노의 아델피 출판사에서 간행되어 1998년 10월 제10판이 인쇄되었다. 행복을 위한 쇼펜하우어의 지침서가 쇼펜하우어의 조국에서도 성공을 거두기를 기원한다.

프랑크 볼피(편자)

정초일

1960년 전주 출생. 한국외국어대학교 대학원 독일어과를 졸업하고,
독일 자르란트 주립대학에서 수학했다.
이후 한국외국어대에서 문학박사 학위를 받았으며,
현재 한국외국어대와 국립군산대에 출강하고 있다.
박사학위 논문 〈동독초기의 사회현실과 관련된
브레히트 연극론 개조의 시도〉(1995)가 있으며,
논문으로 〈브레히트의 교육극에 관한 이론적 쟁점의 재조명〉(1996) 등이 있다.
역서로 《에라스무스》《레닌》《카프카의 아버지께 드리는 편지》가 있다.

불행한 철학자 쇼펜하우어의 행복의 철학

첫판 1쇄 펴낸날 · 2001년 3월 3일

지은이 · 쇼펜하우어 / 옮긴이 · 정초일
펴낸이 · 김혜경 / 기획실 · 김수진 선완규 지평님 위원석
편집부 · 한예원 임미영 고연경 / 디자인 · 김진 / 제작 · 김영희
영업부 · 이동훈 엄현진 / 관리부 · 권혁관 임옥희 윤혜원
인쇄 · 백왕인쇄 / 제본 · 경일제책

펴낸곳 · 도서출판 푸른숲
출판등록 · 1988년 9월 24일 제 11-27호
주소 · 서울 서대문구 충정로 3가 270, 푸른숲 빌딩 4층 우편번호 120-840
전화 · (기획실) 362-4457-8 (편집부) 364-8666
(영업부) 364-7871-3 팩시밀리 · 364-7874
http://www.prunsoop.co.kr

ⓒ 정초일, 2001

ISBN 89-7184-304-7 03160